Zu diesem Buch

Farley Mowat, geboren in Belleville/Kanada und studierter Biologe, begleitete bereits als Vierzehnjähriger seinen Onkel auf einer Polarreise. Mit seinem Erlebnisbericht «Ein Sommer mit Wölfen» schrieb er später einen Klassiker unter den Naturbüchern. Wie aktuell dieses millionenfach in vielen Sprachen verbreitete Buch auch heute noch ist, beweist, daß es erst kürzlich von der Walt Disney-Produktion verfilmt und unter dem Titel «Wenn die Wölfe heulen» auch in Deutschland zum Kassenschlager wurde. Ferner schrieb er ein Dutzend Bücher, so über die Eskimos, den Nordpol, die Expedition nach Sibirien und Neufundland, wo er auf einer der abgelegenen Inseln lebt.

FARLEY MOWAT
EIN SOMMER MIT WÖLFEN

Deutsch von Hans-Georg Noack

rororo

ROWOHLT

Die Originalausgabe erschien im September 1963 unter dem Titel «Never Cry Wolf» bei McClelland and Stewart Limited, Toronto

20.–22. Tausend März 1994

Veröffentlicht im Rowohlt Taschenbuch Verlag GmbH,
Reinbek bei Hamburg, Dezember 1986

Umschlaggestaltung Manfred Waller
(Foto: Bill Brooks/Masterfile – ZEFA)
Gesetzt aus der Sabon (Linotron 202)
Gesamtherstellung Clausen & Bosse, Leck
Printed in Germany
890-ISBN 3 499 15831 0

INHALT

Für Angeline

VORWORT

Als ich vor elf Jahren begann, dieses Buch zu schreiben, spielten die Wölfe dabei eine eher untergeordnete Rolle. Ursprünglich wollte ich eine Satire über ein ganz anderes Tier schreiben – nämlich über die eigentümliche Abart der menschlichen Rasse, die unter dem Namen Bürokrat firmiert. Der Wolf sollte nur als Folie für die Ausführungen über den *homo bürokratis* dienen – dieser Mißgeburt unserer Zivilisation, der, obgleich er ein in der Gewohnheit erstarrter, engstirniger Pfennigfuchser und bildungsfeindlicher Ignorant ist und schon an den läppischsten praktischen Sachverhalten scheitert, sich dennoch als einzig legitimer Inhaber der nackten Wahrheit betrachtet und sich folglich zum selbsternannten Richter über die Angelegenheiten der Menschen erhebt.

In bewußt böser Absicht machte ich mich daran, diese neuen Herrscher zu entlarven, oder vielmehr, ihnen Gelegenheit zu geben, sich selbst bloßzustellen. Doch schon nach den ersten Kapiteln des Buches stellte ich fest, daß ich das Interesse an den bürokratischen Hanswurstiaden verloren hatte. Ohne mein Zutun hatte mich meine ursprüngliche Nebenfigur mehr und mehr in ihren Bann gezogen, der Wolf. Schließlich nahm mir der Wolf das Buch ganz aus der Hand, so daß es zu einem eindringlichen Appell wurde, ein außergewöhnlich hochentwickeltes und attraktives Tier zu verstehen und zu erhalten, das heute wie gestern von den blutrünstigen Neigungen und der todbringenden Feindschaft des Menschen bis hin zur Ausrottung verfolgt wird. *Ein Sommer mit Wölfen* wurde von den zuständigen Behörden nicht gerade erfreut aufgenommen. Da ich nie etwas anderes schreibe als die Wahrheit und weil ich der Ansicht bin, daß der Humor selbst auf dem nüchternen Gebiet der Wissenschaft durchaus seine Berechtigung hat, wurde das Buch von vielen Experten als völlig erfundene Geschichte verspottet. Sie bestritten sogar, daß der Bericht auf den Erfahrungen von zwei Sommern und einem Winter beruhe, die ich in der Arktis in engster Nachbarschaft mit Wölfen verbracht habe. Heute ist es mir eine kleine Genugtuung, festzustellen, daß nahezu jedes Verhaltensmerkmal der Wölfe, das ich beschrieben habe, inzwischen von der «anerkannten» Wissenschaft bestätigt worden ist. Leider wird meine Hauptthese – daß der Wolf weder eine Bedrohung für das übrige Wild noch eine Gefahr oder ein ernstzunehmender Rivale des Menschen ist – immer noch weitgehend abgelehnt.

1973 waren bereits etliche Gattungen des nordamerikanischen Wolfs – Präriewolf, grauer Wolf und Rotwolf eingeschlossen – so gut wie ausgerottet. Auf dem gesamten Festland der USA (Alaska ausgenommen) haben bis heute vermutlich nicht mehr als 1200 Wölfe überlebt. Etwa 500 davon leben im Norden Minnesotas, wo sie teilweise im Quetico Nationalpark unter Schutz stehen. Im Herbst 1972 jedoch stellte das Forstministerium des Staates Minnesota einen Antrag, wonach jedes Jahr 200 Wölfe geschossen, vergiftet oder mit Schlingen und Fallen gefangen werden sollten – «bis die Bedrohung durch die Wölfe beseitigt ist.» In den riesigen, unbesiedelten Wäldern Kanadas gab es bis vor kurzem noch ca. 15 000 Timberwölfe. Durch die steigende Zahl von Kleinflugzeugen und besonders von Schneefahrzeugen können jedoch immer mehr Jäger in diese relativ unzugänglichen Gebiete vordringen – was zwangsläufig dazu führt, daß die Zahl der Elene, Hirsche, Elche und anderer Großwildarten drastisch zurückgeht. Dies hat bei Jägern, Pelzhändlern, Jagdführern, Besitzern von Jagdhäusern und anderen finanziell interessierten Gruppen die wohlbekannte Klage ausgelöst: «Die Wölfe rotten das Wild aus – *das Wild, das uns gehört!* Wir müssen sofort etwas unternehmen, um den Wolf auszurotten.»

Wer hört auf diese Klage? Die Regierungen. Gegen Ende des Jahres 1972 und trotz der Einwände seiner eigenen Biologen, ordnete der Minister für Fischerei und Jagdwesen in Quebec einen Massenmord an den Wölfen in Form eines Wettbewerbs an, an dem sich Jäger aus Kanada und den USA beteiligen konnten, mit einer Zielvorgabe von 5000 toten Wölfen! An die erfolgreichsten Jäger sollten besondere Preise verliehen werden: Der Unterkiefer eines Wolfes, in einem transparenten Kunststoffblock eingeschlossen, passenderweise mit einer Widmung als dauerhaftes Zeugnis für die Geschicklichkeit, den Mut und die Kühnheit des Schlächters versehen.

Immerhin gibt es für die Wölfe einen schwachen Hoffnungsschimmer. In den vergangenen zehn Jahren haben sich viele Menschen zu Initiativen zusammengeschlossen, um den Interessengruppen entgegenzutreten, die den Tod der Wölfe auf ihre Fahnen geschrieben haben. Sie haben schon einige Erfolge zu verzeichnen. Es ist vor allem den anhaltenden Bemühungen einer bloßen Handvoll Leute zu verdanken, der «Ontario Wolf League»[1], daß die Regierung von Ontario kürzlich die verabscheuungswürdige Kopfprämie für getötete Wölfe rückgängig machte. Diese werden außerdem von einigen Biologen unterstützt, die sich mehr für das Studium lebender als toter Tiere interessieren.

Auf ähnliche Weise haben vermutlich die «Canadian und American Wolf Defenders»[2] die Regierung von Minnesota gezwungen, ihre Pläne zur Ausrottung der Wölfe in diesem Staat aufzugeben.

Als das vorliegende Buch in der Sowjetunion erschien, hatten die Übersetzer leichte Schwierigkeiten mit dem Titel. Schließlich kam dann folgende Version dabei heraus: *Wölfe, bitte nicht heulen.* Ich hoffe, daß dies ein gutes Omen für die Zukunft ist. Noch ist vielleicht Zeit, die Menschheit davor zu bewahren, der langen Liste ihrer Verbrechen gegen die Natur ein weiteres hinzuzufügen – die Auslöschung einer Kreatur dieser Erde, die zumindest das gleiche *Recht* auf Leben hat wie der Mensch. Wenn wir den Wolf retten können, wehren wir uns damit in bescheidenem Maßstab gegen ein Verbrechen, das ausschließlich vom Menschen begangen wird: die Zerstörung der Natur.

Farley Mowat — Isles de la Madeleine 1973

1 Ontario Wolf League, P.O. Box 177, Postal Station «S», Toronto 382, Ontario.

2 Canadian and American Wolf Defenders, 68 Panetta Road, Carmel Vallex, California 93924, USA.

1. DAS PROJEKT LUPUS

Vom Badezimmer meiner Großmutter Mowat in ihrem Haus in Oakville, Ontario, bis in die Tiefen einer Wolfshöhle im tundraähnlichen Land des Distrikts Keewatin im nordwestlichen Kanada führt räumlich wie zeitlich ein sehr weiter Weg, und ich habe nicht die Absicht, ihn in allen Einzelheiten zu beschreiben. Immerhin braucht jede Erzählung einen Anfang, und die Geschichte meines Lebens unter Wölfen beginnt tatsächlich in Großmutters Badezimmer.

Als ich fünf Jahre alt war, hatte ich noch keinerlei Hinweise darauf erkennen lassen, wie sich meine Zukunft entwickeln würde, obwohl das doch die meisten begabten Kinder in einem weit jüngeren Alter tun. Vielleicht waren meine Eltern enttäuscht, daß ich mich in dieser Hinsicht nicht erklärte, jedenfalls überließen sie mich der Obhut meiner Großeltern in Oakville, während sie in den Urlaub fuhren.

Das Haus in Oakville war außergewöhnlich vornehm, und ich fühlte mich dort nicht recht heimisch. Mein Vetter, der dort wohnte und ein paar Jahre älter war als ich, hatte seinen künftigen Beruf bereits gefunden, der auf militärischem Gebiet lag, und er hatte eine eindrucksvolle Bleisoldatenarmee gesammelt, mit der er sich zielbewußt darauf vorbereitete, ein zweiter Wellington zu werden. Die täppische Unbeholfenheit, mit der ich den Napoleon spielte, verärgerte ihn so sehr, daß er sich strikt weigerte, noch irgend etwas mit mir zu tun zu haben, es sei denn unter höchst unausweichlichen Umständen.

Großmutter, eine aristokratische Dame walisischer Herkunft, die ihrem Mann niemals verziehen hatte, daß er nur Eisenwarenhändler war, duldete mich zwar, doch sie ängstigte mich auch. Sie ängstigte die meisten Menschen, den Großvater nicht ausgenommen, der seit langem seine Rettung in einer vorgetäuschten Taubheit suchte. Er pflegte seine Tage ruhig und unbewegt wie Buddha in einem tiefen Ledersessel zu verbringen und scheinbar die Stürme gar nicht wahrzunehmen, die durch alle Gänge und Flure seines Hauses tobten. Und doch weiß ich sehr zuverlässig, daß er das Wort «Whisky» auch dann noch hören konnte, wenn es in einem Raum, der durch drei Stockwerke von seinem Platz getrennt war, auch nur geflüstert wurde.

Weil es also wirkliche Seelenfreundschaft für mich in diesem Haus nicht gab, beschäftigte ich mich mit mir selbst, vermied entschieden jede Energieverschwendung an irgend etwas, was auch nur entfernt nützlich sein konnte; und dadurch verriet ich für jeden, der einen Sinn dafür hatte, deutlich genug, wie meine Zukunft sich gestalten sollte.

Eines Tages schlenderte ich ziellos an einem Bach entlang und gelangte an einen unbewegten Teich. Auf dem Boden lagen, nur mit grünem Schleim bedeckt, drei Katzenwelse und japsten ihr Leben aus. Sie interessierten mich. Mit einem Stock zog ich sie ans Ufer und erwartete gespannt ihren Tod; doch sie weigerten sich zu sterben. Gerade dann, wenn ich überzeugt war, sie müßten nun wohl tot sein, öffneten sie die breiten, häßlichen Mäuler und schnappten noch einmal nach Luft. So sehr war ich von ihrer störrischen Weigerung, ihr Schicksal hinzunehmen, beeindruckt, daß ich eine Blechbüchse suchte, die Fische zugleich mit ein wenig schlammigem Wasser hineintat und mit nach Hause nahm.

Ich hatte begonnen, sie auf eine sehr seltsame Weise zu lieben, und ich wollte sie besser kennenlernen. Allerdings war es kein ganz leichtes Problem, wo ich sie aufbewahren sollte, während unsere Bekanntschaft reifte. Waschschüsseln gab es nicht im Haus meiner Großmutter. Es gab zwar eine Badewanne, doch der Stopfen paßte nicht richtig, und folglich hielt sie nur wenige Minuten das Wasser. Zur Schlafenszeit hatte ich das Problem noch immer nicht gelöst, und weil ich überzeugt war, daß selbst diese zähen Fische nicht eine ganze Nacht lang in einer Blechbüchse überleben konnten, kam ich auf die – zugegebenermaßen – nicht eben glückliche Lösung, die Fische in das Becken von Großmutters altmodischer Toilette zu setzen.

Damals war ich noch zu jung, um die besonderen Probleme zu begreifen, die das Alter mit sich bringt. Eines dieser Probleme war jedoch unmittelbar für die dramatische und unerwartete Begegnung meiner Großmutter mit den drei Katzenwelsen in den frühen Morgenstunden der folgenden Nacht verantwortlich.

Es war für die Großmutter, für mich und vermutlich auch für die Fische ein traumatisches Erlebnis. Für den Rest ihres Lebens weigerte sich die Großmutter, noch irgendwelchen Fisch zu essen, und sie trug nun immer eine starke Taschenlampe bei ihren nächtlichen Wanderungen mit sich. Über die Wirkung auf die Katzenwelse kann ich nichts so Genaues berichten, denn nachdem die Aufregung ein wenig abgeebbt war, zog mein ruchloser Vetter die Spülung. Auf mich aber übte dieses Erlebnis die Wirkung aus, daß in mir eine bleibende Neigung für die minderen Geschöpfe des Tierreiches entstand. Mit einem Wort: Die Sache mit den Katzenwelsen bedeutete den Anfang meiner Laufbahn als Naturfreund und Biologe. Ich hatte meinen Weg in die Wolfshöhle angetreten.

Meine anfängliche Neigung zum Studium der belebten Natur entwickelte sich schnell zu einer ausgewachsenen Liebe. Ich fand, daß selbst die Menschen, mit denen mich dieses Studium in Berührung brachte, faszinierend sein konnten. Mein erster Lehrmeister war ein Schotte mittleren Alters, der seinen Lebensunterhalt als Eismann verdiente, tatsächlich aber ein leidenschaftlicher Amateur-Säugetierforscher war. In sehr zartem Alter hatte er die Räude, die Lepra oder sonst eine dieser Kinderkrankheiten gehabt und dabei sein gesamtes Haar verloren. Diese Tragödie war vielleicht mitentscheidend für die Tatsache, daß er zu der Zeit, als ich ihn kennenlernte, bereits fünfzehn Jahre seines Lebens dem Studium der Beziehungen zwischen dem sommerlichen Fellwechsel und dem beginnenden Narzißmus bei Taschenratten gewidmet hatte. Mit Taschenratten hatte dieser Mann so enge Beziehungen entwickelt, daß er sie mit kleinen Pfiffen aus ihren unterirdischen Schlupfwinkeln hervorlocken und sie dazu bringen konnte, daß sie bewegungslos ihr Rückenfell betrachten ließen.

Die Berufsbiologen, mit denen ich später in Berührung kam, waren übrigens um keinen Deut weniger interessant. Als ich achtzehn war, verbrachte ich einen Sommer als Helfer in Gesellschaft eines anderen, eines siebzigjährigen Säugetierforschers, der mit akademischen Graden überhäuft war und dessen überragende Stellung in der Welt der Wissenschaft hauptsächlich auf seinen Studien über Gebärmutternarben bei Spitzmäusen beruhte. Dieser Mann, ein sehr geachteter Professor einer großen amerikanischen Universität, wußte mehr über die Gebärmutter der Spitzmäuse als jeder andere Mensch vor ihm. Außerdem konnte er über dieses Thema mit wirklicher Begeisterung sprechen. Bis zu meinem Tod werde ich an einen Abend in der Gesellschaft dieses Mannes denken, an dem er eine recht gemischte Gesellschaft, die aus einem Pelzhändler, einer alten Indianerin und einem anglikanischen Missionar bestand, stundenlang über sexuelle Abweichungen bei Zwergspitzmäusen belehrte. (Der Pelzhändler mißverstand den Sinn des Vortrages anfänglich, doch der Missionar, der an jahrelangem Umgang mit humorlosen Abhandlungen litt, setzte ihm bald den Kopf zurecht.)

Meine frühen Jahre als Naturforscher waren frei und erregend, doch als ich zum Mann heranwuchs und fand, daß meine Vorliebe sich zu einem Beruf entwickeln müsse, wurden die Grenzen schnell enger. Die glücklichen Tage eines Studenten, der sich für alles interessieren durfte, waren vorbei; ich mußte die unbestreitbare Notwendigkeit der Spezialisierung anerkennen, wenn ich als Berufsbiologe Erfolg haben wollte. Trotzdem fand ich es zu Beginn meines Studiums an der Universität sehr schwierig, einen engen Pfad zu wählen.

Eine Zeitlang schwankte ich, ob ich dem Beispiel eines Freundes folgen sollte, der sich auf Skatologie spezialisierte, also auf das Studium tierischer Ausscheidungen, und der später ein berühmter Skatologe beim Biologischen Dienst der Vereinigten Staaten wurde. Aber obgleich ich den Studiengegenstand durchaus recht interessant fand, konnte er mich doch nicht so sehr begeistern, daß ich ihn gern zu meinem Lebenswerk erhoben hätte. Außerdem war dieses Studiengebiet auch überlaufen, und ich war zu entbehren.

Meine persönlichen Neigungen lagen auf dem Gebiet des Studiums lebender Tiere in ihrer natürlichen Umgebung. Da ich es mit Worten genau nehme, nahm ich auch das Wort Biologie, das doch Lehre vom Leben bedeutete, sehr wörtlich. Mich überraschte schmerzlich der Widerspruch, daß viele meiner Altersgenossen dazu neigten, sich von allem Lebendigen so weit wie möglich entfernt zu halten. Sie verkrochen sich lieber in die saubere Atmosphäre der Laboratorien, wo sie totes – und oft schon sehr totes – Tiermaterial zum Gegenstand ihrer Studien machen konnten. Tatsächlich wurde es während meiner Universitätsjahre geradezu unfein, wenn man irgend etwas mit Tieren zu tun hatte, sogar mit toten Tieren. Die neuen Biologen konzentrierten sich auf statistische und analytische Forschungen, bei denen das Rohmaterial des Lebens zum bloßen Futter für Rechenautomaten wurde.

Meine Unfähigkeit, mich diesen neuen Richtungen anzupassen, hatte eine sehr hinderliche Wirkung auf meine beruflichen Erwartungen. Während meine Mitstudenten sich bereits in den verschiedensten Spezialitäten niederließen, von denen sie die meisten selbst erst erfanden, weil sie davon ausgingen, daß man auf einem Felde keine Konkurrenz zu fürchten hatte, auf dem man der einzige Spezialist war, konnte ich mein Interesse noch immer nicht vom Allgemeinen auf das Besondere lenken. Als die Zeit des Staatsexamens näher rückte, fand ich, daß meine Jahrgangskollegen fast ausnahmslos gute Forschungsaufträge in Aussicht hatten, während ich auf dem biologischen Markt offenbar nichts Besonderes zu bieten hatte. Daher war es unvermeidlich, daß ich schließlich für die Regierung arbeitete.

Die Würfel waren gefallen, als ich eines Winterabends eine Nachricht vom Dienst für Wildpflege erhielt, der mich darüber informierte, daß ich mit dem fürstlichen Gehalt von 120 Dollar im Monat eingestellt sei und mich sofort in Ottawa zu melden habe.

Ich gehorchte diesem herablassenden Befehl mit einem bloßen Anflug unterdrückter Auflehnung; denn wenn ich an der Universität überhaupt etwas gelernt hatte, dann dies, daß die wissenschaftliche Hierarchie einen hohen Grad an Gehorsam verlangt, wenn nicht gar an Unterwürfigkeit.

Zwei Tage später kam ich in der winddurchfegten, grauseligen Hauptstadt Kanadas an und erfragte meinen Weg in das enge Labyrinth, in dem der Dienst für Wildpflege hauste. Hier meldete ich mich beim Chefmammalogen, den ich in sorgenfreieren Tagen als Schulfreund gekannt hatte. Jetzt hatte er sich jedoch leider in einen vollständig aufgeblasenen Wissenschaftler verwandelt und war so voller beruflicher Würde, daß ich mich nur mühsam von einem tiefen Hofknicks zurückhalten konnte.

In den nächsten Tagen wurde ich einer «Einführung» unterzogen, die meines Erachtens nur dazu dienen sollte, mich in den Zustand hoffnungsloser Niedergeschlagenheit zu versetzen. Jedenfalls war das Heer von Bürokraten, die ich in ihren düsteren, nach Desinfektionsmitteln riechenden Höhlen aufsuchte, wo sie endlose Stunden damit verbrachten, langweilige Daten zu sammeln oder geschwätzige Denkschriften zu verfassen, nicht dazu angetan, mich für meine neue Beschäftigung zu begeistern. Tatsächlich lernte ich in dieser Zeit nur, daß im Vergleich zur bürokratischen Hierarchie in Ottawa die Hierarchie der Wissenschaftler einer Bruderschaft von Anarchisten glich.

Dies wurde mir besonders an dem denkwürdigen Tag deutlich, an dem man endlich meinte, mich vorzeigen zu können, und ich deswegen in das Büro des stellvertretenden Ministers geführt wurde. Dabei vergaß ich mich so sehr, daß ich den hohen Herrn schlicht mit «Mister» anredete. Daraufhin führten mich meine Begleiter sofort mit bleichen Gesichtern und schlotternden Gliedern aus der hohen Gegenwart und auf Umwegen auf die Herrentoilette. Nachdem sie zunächst niedergekniet waren und mit Blicken durch die Ritze unter der Tür festgestellt hatten, daß wir tatsächlich allein waren und daß niemand uns hören konnte, erklärte man mir gequält flüsternd, daß ich den hohen Herrn niemals anders als mit «Chef» anreden dürfe oder höchstens noch mit seinem Titel aus dem Burenkrieg, als «Colonel». Nun ja, wie konnte ich denn jemals so etwas ahnen.

Militärische Titel standen in der Behörde hoch im Kurs. Alle auf unterer Ebene verfaßten Denkschriften waren zumindest von Kapitänen oder Leutnants unterzeichnet, und jene, die von oben auf uns herabschwebten, trugen gar den kühnen Namenszug von Obersten oder Generälen. Diejenigen Stabsmitglieder, die keinerlei Gelegenheit gehabt hatten, wenigstens einen militärischen Status zu erreichen, waren darauf angewiesen, geeignete Ränge zu erfinden, recht ansehnliche, wenn sie schon älter, geringere, wenn sie noch jung waren. Nicht jeder behandelte diese Angelegenheit mit der gebührenden Feierlichkeit. Ich erinnere mich an einen neuen Mitarbeiter in der Fischerei-Abteilung, der sich für kurze Zeit dadurch hervortat, daß er seinem Chef einen Aktenvermerk zuleitete, den er unterschrieb: «J. Smith, Korporal der Harpunen-

Kavallerie». Eine Woche darauf war dieser tollkühne junge Mann unterwegs zum nördlichsten Zipfel der Insel Ellesmere. Dort konnte er in einem Iglu leben und die Lebensgeschichte des neunstacheligen Stichlings studieren.

Leichtfertigkeit wurde in diesen nüchternen Büros nirgends geschätzt, wie ich feststellte, als ich an einer Konferenz über meinen ersten Auftrag teilnahm.

Eine provisorische Liste für die materiellen Erfordernisse dieses Auftrags lag auf dem Konferenztisch, der von vielen sehr ernsten Gesichtern umgeben war. Die Liste war ein sehr umfangreiches, in fünffacher Ausfertigung erstelltes Dokument, wie es der Gewohnheit entsprach, und die Überschrift lautete:

ERFORDERNISSE FÜR PROJEKT LUPUS

Da mich die Ernsthaftigkeit der Versammlung bereits entnervt hatte, verlor ich vollends die Fassung, als die Versammlung über den zwölften Punkt in dieser Wunschliste beriet:

Papier, Toiletten-, Regierungsqualität, 12 Rollen.

Der trockene Hinweis des Vertreters der Finanzabteilung, im Interesse der Sparsamkeit könne die angegebene Menge vielleicht eingeschränkt werden, falls der Außenmitarbeiter (das war ich) sich die schuldige Zurückhaltung auferlege, ließ mich in ein hysterisches Gekicher verfallen. Ich beherrschte mich zwar fast augenblicklich wieder, doch es war zu spät. Die beiden ältesten Herren, beides «Majore», standen auf, verbeugten sich kühl und verließen wortlos den Raum.

Die Leidenszeit in Ottawa näherte sich ihrem Ende, doch der Höhepunkt stand mir noch bevor. An einem Frühlingsmorgen wurde ich in das Büro meines direkten Vorgesetzten gerufen. Vor meiner Abreise in den Außendienst sollte ein letztes Gespräch stattfinden.

Mein Chef saß hinter einem schweren Schreibtisch, dessen verstaubte Oberfläche mit vergilbenden Waldmurmeltierschädeln übersät war. (Seit seinem Eintritt in den Staatsdienst im Jahre 1897 hatte er sich mit Waldmurmeltieren beschäftigt.) Hinter ihm hing das stirnrunzelnde, bärtige Porträt eines verstorbenen Mammalogen, der gelangweilt auf mich herabsah. Überall war der Geruch von Formalin.

Nach einem langen Schweigen, während dessen er mit einigen seiner Schädel spielte, begann mein Chef seine Belehrung. Er wandte dafür eine Feierlichkeit auf wie bei der Einweisung eines Geheimagenten, der den Auftrag erhält, das Staatsoberhaupt zu ermorden.

«Ihnen ist sicher bekannt, Leutnant Mowat», begann mein Chef, «daß heute das Problem des *Canis lupus* zu einem Problem von nationaler Wichtigkeit geworden ist. In den vergangenen Jahren hat allein unsere Abteilung nicht weniger als 37 Denkschriften von Mitgliedern des Abgeordnetenhauses erhalten, die alle die tiefe Besorgnis ihrer Verfasser ausdrückten, ob wir uns auch ernsthaft genug mit diesem Problem beschäftigten. Die meisten Klagen kamen von so bürgerlich gesinnten und desinteressierten Gruppen wie verschiedenen Fisch- und Jagdclubs, während Herren aus der Geschäftswelt, insbesondere die Hersteller gewisser bekannter Munitionsmarken, ihr ganzes Gewicht einsetzten, um die berechtigten Klagen der wahlberechtigten Bürger zu unterstützen. Diese Klagen laufen nämlich darauf hinaus, daß die Wölfe alles Wild reißen, und immer mehr unserer Mitbürger kommen von immer mehr Jagden mit immer weniger Beute zurück.

Wie Sie vielleicht gehört haben, hat mein Vorgänger dem Minister eine Erklärung der Sachlage unterbreitet, in der er darlegte, die Abnahme des Wildes sei vielleicht darauf zurückzuführen, daß die Zahl der Jäger so sehr zugenommen habe, daß sie an Zahl jetzt die Kopfzahl des Wildbestandes im Verhältnis von fünf zu eins überträfen. Der Minister hat dieses peinliche Dokument in gutem Glauben vor dem Abgeordnetenhaus verlesen, und er wurde prompt von den Abgeordneten niedergeschrien, die ihn als Lügner und als Wolfsfreund beschimpften.

Drei Tage später zog mein Vorgänger sich in das Privatleben zurück, und der Minister veröffentlichte eine Presseerklärung: ‹Das Ministerium ist fest entschlossen, alles in seiner Macht Stehende zu tun, um die unter dem Wild durch Wolfsrudel angerichteten Verheerungen einzudämmen. Eine gründliche Untersuchung dieses wichtigen Problems wird sofort unter Einsatz aller verfügbaren Mittel eingeleitet werden. Das Volk dieses Landes darf überzeugt sein, daß die Regierung, der anzugehören ich die Ehre habe, nichts unversucht lassen wird, um dieser unerträglichen Lage ein Ende zu bereiten.›»

An dieser Stelle ergriff mein Chef einen besonders kräftigen Waldmurmeltierschädel und ließ seine Kiefer aufeinanderklappen, als wollte er damit seine abschließenden Worte betonen:

«Sie, Leutnant Mowat, sind für diese große Aufgabe ausersehen worden! Es bleibt Ihnen nur noch, hinauszugehen und Ihre Arbeit auf eine Weise anzupacken, die der großen Tradition unserer Abteilung würdig ist. Der Wolf, Leutnant Mowat, ist hinfort *Ihr* Problem!»

Irgendwie kam ich auf die Füße und legte in einer ganz unbewußten Bewegung die Hand zum Gruß an den Kopf, ehe ich den Raum verließ.

Noch am selben Abend flog ich an Bord einer Transportmaschine der Luftwaffe von Ottawa ab. Mein erstes Ziel war Churchill an der westlichen Küste der Hudson-Bucht. Aber irgendwo enseits von Churchill, irgendwo in den trostlosen Weiten des subarktischen Landes, lag mein eigentliches Ziel: der Wolf!

2. WOLFSSAFT

Die Transportmaschine der Luftwaffe war ein zweimotoriges Flugzeug, das 30 Passagiere aufnehmen konnte, doch als meine gesamte Ausrüstung verladen war, blieb kaum noch genug Platz für die Besatzung und für mich. Der Pilot, ein sehr liebenswürdiger Fliegerleutnant mit einem eindrucksvollen Bart, beobachtete das Verladen mit offenkundigem Staunen. Von mir wußte er nur, daß ich von der Regierung kam und einen Sonderauftrag in der Arktis zu erfüllen hatte. Sein Gesichtsausdruck wurde immer fragender, als wir ein Bündel klappernder Wolfsfallen in die Maschine hoben und dann von einem Kanu das Mittelstück, das wie eine Badewanne ohne Enden aussah. Getreu den Gepflogenheiten des Ministeriums waren Bug- und Heckteil des Kanus an einen anderen Biologen versandt worden, der in der südlichen Wüste von Saskatchewan Klapperschlangen studierte.

Sodann wurden meine Waffen verladen. Dazu gehörten zwei Büchsen, ein Revolver mit Halfter und Patronengürtel, zwei Schrotflinten und eine Kiste mit Tränengasgranaten, mit denen ich widerspenstige Wölfe dazu überreden sollte, ihren Bau zu verlassen, damit ich sie erschießen konnte. Auch zwei Raucherzeuger mit der Aufschrift GEFAHR waren dabei, mit denen ich Rauchzeichen für Flugzeuge aussenden konnte, falls ich mich verirrte oder von Wölfen angegriffen wurde. Eine Kiste enthielt «Wolfstöter» – das waren sehr unfeine Geräte, die jedem Tier, das sie etwa untersuchen wollte, eine Ladung Zyankali in den Rachen stäubten.

Meine wissenschaftliche Ausrüstung folgte. Zu ihr gehörten auch zwei Zwanzig-Liter-Behälter, deren Anblick die Augenbrauen des Piloten bis unter seine Mütze emporschnellen ließ, denn die Aufschrift lautete: *Alkohol, 100 %, zur Konservierung des Magens*.

Zelte, Kocher, Schlafsäcke und ein Bündel mit sieben Äxten folgten. Ich weiß bis heute nicht, warum es sieben Äxte sein mußten, da ich doch in ein völlig baumloses Land flog, in dem bereits eine überflüssig gewesen wäre. Weiter ging es mit Skiern, Schneeschuhen, Hundegeschirren, einem Funkgerät und zahllosen Kisten und Ballen, deren Inhalt für mich ebenso rätselhaft war wie für den Piloten.

Als alles verladen und sorgsam festgezurrt war, kletterten der Pilot, der Kopilot und ich über die Gebirge hinweg und zwängten uns in das Cockpit. Der Pilot war in allen Erfordernissen militärischer Geheimhaltung sorgfältig geschult. Deshalb bezwang er seine Neugier, stellte keinerlei Fragen hinsichtlich meiner seltsamen Ausrüstung und begnügte sich mit der Feststellung: «Ob wir mit dem ganzen Krempel an Bord überhaupt starten können, das weiß ich nicht.» Insgeheim bezweifelte ich es ebenfalls, doch obwohl die Maschine erstaunlich ratterte und stöhnte, gelang es ihr, sich vom Boden abzuheben.

Der Flug nach Norden war lang und ereignislos, abgesehen davon, daß über der James-Bucht ein Motor ausfiel und wir den Rest der Reise in einer Höhe von ungefähr 150 Metern und durch dichten Nebel zurücklegen mußten. Dieser kleine Zwischenfall lenkte den Piloten vorübergehend von der Frage ab, wer und was ich wohl sein mochte, doch sobald wir in Churchill gelandet waren, konnte er seine Neugier nicht länger bezähmen.

«Ich weiß, daß es mich eigentlich nichts angeht», sagte er, während wir auf einen der Hangars zugingen, «aber sagen Sie mir doch, was ist eigentlich mit Ihnen los?»

«Ach, wissen Sie», antwortete ich sehr fröhlich, «ich soll ein Jahr oder auch zwei mit einem Wolfsrudel verbringen. Das ist alles.»

Der Pilot verzog das Gesicht wie ein kleiner Junge, den man gerade als zu vorlaut zurechtgewiesen hat.

«Entschuldigen Sie», murmelte er gekränkt. «Ich hätte nicht fragen sollen.»

Der Pilot war nicht der einzige Neugierige. Als ich in Churchill versuchte, ein privates Flugzeug anzuheuern, das mich in das

Landesinnere bringen sollte, weckte meine unschuldige Erklärung in Verbindung mit meinem ehrlichen Geständnis, daß ich keine Ahnung hätte, wo ich in dieser fast unerforschten Wildnis abgesetzt werden wollte, entweder feindselig abwägende Blicke oder aber verständnisvolles Augenzwinkern. Dabei wollte ich durchaus nicht geheimnisvoll wirken, sondern ich versuchte nur, dem Arbeitsplan zu folgen, den man in Ottawa für mich aufgestellt hatte:

§ 3, Absatz (C) Abschnitt (iii)

Sie werden unmittelbar nach Ihrer Landung in Churchill sich durch eine gecharterte Transportmaschine in eine passende Richtung und geeignete Entfernung fliegen lassen und sodann eine Basis an einem Punkt errichten, an dem eine angemessene Wolfs-Bevölkerung angenommen werden kann und wo die Bedingungen für Ihre weitere Arbeit als optimal betrachtet werden können …

Wenn diese Anweisungen sich auch durch einen sehr bestimmten Ton auszeichneten, fehlte ihnen doch die wünschenswerte Deutlichkeit. Deshalb ist es wohl ganz normal, daß die halbe Bevölkerung von Churchill mich für das Mitglied einer gefährlichen Bande von Golddieben hielt, das versuchte, Kontakt mit seinen Mitverschworenen aufzunehmen, während die andere Hälfte vermutete, ich sei Goldgräber und wisse eine gute Fundstelle irgendwo im Landesinneren. Später wurden diese beiden Theorien aufgegeben und durch eine viel aufregendere ersetzt. Als ich nach Monaten wieder Kontakt mit Churchill aufnahm, erfuhr ich, inzwischen habe sich allgemein herumgesprochen, daß ich tatsächlich die vergangenen Monate auf einem Floß verbracht habe. Damit hätte ich den Nordpol umkreist und die Arbeit einer Gruppe von Russen beobachtet, die ihrerseits auf ihrem eigenen Eisfloß unterwegs waren. Meine beiden Alkoholkanister hielt man für Wodka, mit dem ich die Zungen der Russen lösen sollte, um in ihre tiefsten Geheimnisse einzudringen.

Nachdem diese Geschichte allgemeinen Glauben gefunden hatte, wurde ich so etwas wie ein Held. Als ich aber kurz nach meiner Ankunft durch die trüben und verschneiten Straßen von Churchill streifte und versuchte, einen Buschpiloten zu finden, der mich an ein unbekanntes Ziel bringen sollte, war ich noch nicht in den Rang eines Helden aufgestiegen, und die meisten Menschen, mit denen ich sprach, waren durchaus nicht hilfsbereit.

Nach einiger Verzögerung entdeckte ich einen Piloten, der eine alte und sehr klapprige Maschine flog und seinen Lebensunterhalt damit verdiente, daß er Trapper zu ihren entlegenen Hütten flog. Als ich ihm meinen Fall auseinandersetzte, war er der Verzweiflung nahe.

«Hör zu, mein Junge!» schrie er mich an. «Nur Dummköpfe mieten ein Flugzeug, wenn sie nicht wissen, wohin sie eigentlich wollen. Und nur Dummköpfe glauben, daß ein anderer ihnen die Geschichte abkauft, sie wollten bei einem Wolfsrudel zur Untermiete wohnen. Ich glaube, du suchst dir lieber ein anderes Flugzeug, du Spaßvogel, nicht wahr? Zum Spielen habe ich keine Zeit!»

Nun gab es allerdings zu dieser Zeit keine weiteren Piloten in Churchill, obwohl es kurz vor meiner Ankunft noch drei gewesen waren. Einer hatte sich verrechnet, als er auf dem Packeis der Hudson-Bucht landen wollte, um einen Polarbären zu schießen – und der Bär war der einzig Überlebende dieses Versuchs geblieben. Der andere war in Winnipeg und versuchte, einen Kredit aufzunehmen, mit dem er ein neues Flugzeug kaufen wollte, nachdem seine bisherige Maschine bei einem Startversuch eine Tragfläche verloren hatte. Und der dritte war selbstverständlich jener, der zuviel zu tun und deshalb keine Zeit zum Spielen hatte.

Da ich mich nicht strikt an meinen ursprünglichen Auftrag halten konnte, tat ich das, was ich für das Zweitbeste hielt, und bat in Ottawa per Funkspruch um neue Anweisungen. Die Antwort erreichte mich sehr prompt schon sechs Tage später:

«Verstehen Ihre Schwierigkeiten nicht. Ihre Anweisungen sind völlig klar. Bei sorgfältiger Befolgung können Schwierigkeiten nicht entstehen. Bei der Absendung von Funksprüchen an uns beschränken Sie sich bitte auf äußerst dringliche Angelegenheiten, und diese Sprüche sollen unter keinen Umständen Wiederholungen enthalten und unter keinen Umständen mehr als zehn Worte umfassen. Ausnahme Ihr Zwischenbericht in zwei Wochen. Es wird vorausgesetzt, daß Sie in dieser Zeit engen Kontakt mit Canis lupus aufgenommen haben. Funksprüche auf Regierungskosten sind auf zehn Worte und dringende Angelegenheiten zu beschränken und so kurz wie möglich zu fassen. Wie meinen Sie die Nachricht, Sie hätten nur ein halbes Kanu? Kosten für den Funkspruch werden mit Ihrem Gehalt verrechnet. Leiter der Kontrollabteilung.»

Es blieb mir also nichts anderes übrig, als auf die Rückkehr des Piloten zu warten, der nach Winnipeg gefahren war. Inzwischen hauste ich im einzigen Hotel des Ortes, einem windschiefen Schuppen, durch dessen feine Wandritzen an stürmischen Tagen der Schnee in kleinen Wirbeln einzudringen pflegte, und andere Tage gab es in Churchill nicht.

Gleichwohl war ich nicht müßig. Churchill war damals voll von Missionaren, Prostituierten, berittenen Polizisten, Rumschmugglern, Trappern, Pelzschmugglern, gewöhnlichen Pelzhändlern und anderen interessanten Figuren, die samt und sonders, wie sich zeigte, Experten für Wölfe waren. Ich suchte einen nach dem anderen auf und notierte getreulich, was sie mir zu erzählen wußten. Aus diesen Quellen schöpfte ich fesselnde Informationen, die größtenteils nicht in der wissenschaftlichen Literatur vorkamen. Ich erfuhr zum Beispiel, daß Wölfe zwar Jahr für Jahr mehrere hundert Menschen im arktischen Gebiet verschlingen, jedoch niemals eine schwangere Eskimofrau angreifen. (Der Missionar, der mir das sagte, war überzeugt, daß die Abneigung der Wölfe gegen das Fleisch von Schwangeren eine hohe Geburtenzahl bei den Eskimos begünstigte und eine beklagenswerte Bevorzugung der Probleme der Fortpflanzung zum Nachteil geistlicher Probleme herbeiführte.) Ich hörte, daß Wölfe im Abstand von vier Jahren von einem seltsamen Leiden befallen würden, bei dem sie ihr gesamtes Fell einbüßten; und in der Zeit, in der sie praktisch nackt herumliefen, seien sie so schüchtern, daß sie sich zu kleinen Bällen zusammenrollten, wenn man in ihre Nähe käme. Die Trapper, mit denen ich sprach, erklärten mir, die Wölfe rotteten sehr schnell die Karibuherden aus; jeder Wolf töte jährlich Tausende dieser Rentiere aus reiner Blutgier, während kein Jäger auf den Gedanken käme, ein Karibu zu töten, wenn er nicht von ihm angegriffen würde. Eine werktätige Dame der Stadt lieferte die befremdliche Information, seit der Errichtung eines US-Luftstützpunktes in jener Gegend habe sich die Zahl der Wölfe geradezu unheimlich erhöht, und wenn man von einem gebissen würde, wäre es am besten, sofort zurückzubeißen. So erfuhr ich viel Wissenswertes über meine zukünftigen Nachbarn.

Ziemlich zu Beginn meiner Befragungen fragte mich ein alter Trapper, ob ich vielleicht ein bißchen Wolfssaft haben wollte, da ich doch nun einmal so ein Wolfsliebhaber sei. Ich meinte zwar, das Getränk würde mich vermutlich nicht besonders begeistern, doch ich war nun einmal ein Wissenschaftler, und alles, was mit Wölfen zu tun hatte, war Wasser auf meine Mühle. So wollte ich den Saft wenigstens einmal versuchen. Daraufhin führte mich der alte Mann in die einzige Bierkneipe von Churchill, ein Lokal, das ich sonst nie betreten hätte, und machte mich mit Wolfssaft bekannt. Dieser entpuppte sich als eine Art Tundrabier, dem man nach Belieben frostgeschützten Alkohol beimengte, der von den Soldaten des Luftwaffenstützpunktes verscherbelt wurde. Ich muß sagen, daß ich mir dieses Getränk anders vorgestellt hatte.

Kurz nach meiner Wolfssafttaufe reichte ich meinen ersten Zwischenbericht ein. Er war handschriftlich verfaßt und erwies sich (vielleicht zum Glück für meine weitere Anstellung) als völlig unleserlich. Kein Mensch in Ottowa konnte auch nur ein Wort davon lesen, und daraus wurde geschlossen, daß der Bericht ausnehmend interessant sein mußte. Ich glaube, er liegt heute noch in den Akten der zuständigen Regierungsabteilungen und wird von Beamten eingesehen, die zuverlässige und fachmännische Angaben über Wölfe benötigen. Erst kürzlich begegnete ich einem Biologen, der mir versicherte, er habe diesen Bericht mit eigenen Augen gesehen, und das Schriftstück werde von vielen Autoritäten für die beste Abhandlung über den *Canis lupus* gehalten.

Während meines Zwangsaufenthaltes in Churchill grub ich nicht nur zahllose faszinierende Informationen über Wölfe aus, sondern ich machte darüber hinaus auch eine eigene Entdeckung von vielleicht noch größerer Bedeutung. Ich entdeckte nämlich, daß der Laboralkohol aus meiner wissenschaftlichen Ausstattung, wenn man ihn mit ein wenig Bier vermischte, ein wahres Göttergetränk ergab. Daraufhin erweiterte ich meine Ausrüstung um 15 Kästen Bier. Ich kaufte auch mehrere Liter Formaldehyd, das, wie jeder Kenner bestätigen wird, für die Konservierung von Tierteilen mindestens ebenso gut ist wie reiner Alkohol.

3. GUTE LANDUNG

Mein erzwungener Aufenthalt in Churchill endete in der letzten Maiwoche. Drei Tage lang hatte ein Blizzard gewütet, und am dritten, als ein wilder Schneesturm die Sicht auf Null gemindert hatte, huschte ein hustendes und spuckendes Flugzeug eine Handbreit über das Hotel hinweg und landete auf dem Eis eines nahen Teiches. Der Wind hätte es beinahe wieder fortgeweht, wenn nicht einige von uns aus der Bierkneipe gestürzt wären und es an den Tragflächen festgehalten hätten.

Dieses Flugzeug war eine ungewöhnlich baufällige Maschine, die im Jahre 1938 als militärisches Übungsflugzeug gebaut worden war. Nach langen Dienstjahren war es ausgemustert worden, aber ein schlaksiger, hohläugiger Pilot der Royal Air Force, der sich in den Kopf gesetzt hatte, eine eigene Luftlinie im Norden Kanadas zu gründen, stellte es sofort wieder in Dienst. Dieser Pilot entstieg jetzt seiner Maschine, die wir mit aller Kraft festhielten, und nachdem er einen meterlangen kirschroten Schal von seinem Gesicht gewickelt hatte, stellte er sich vor. Er kam, wie er sagte, aus dem ungefähr elfhundert Kilometer nordwestlich gelegenen Yellowknife, und sein Ziel sei The Pas. «Ist das hier vielleicht The Pas?» Behutsam belehrten wir ihn, The Pas läge etwa sechshundert Kilometer im Südwesten, doch das schien ihn nicht weiter zu ärgern. «Im Sturm ist jeder Hafen recht», entgegnete er sorglos, und nachdem auch noch sein Mechaniker zu ihm gestoßen war, ging er mit uns in die Kneipe.

Etwas später gestand ich ihm meine Schwierigkeiten.

«Das ist gar kein Problem», erklärte er, nachdem er mich schweigend angehört hatte. «Morgen tanke ich den alten Drachen auf, und dann bringe ich Sie irgendwohin. Fliegen Sie nach Nordwesten, das ist der beste Kurs für uns. Bei einem anderen Kurs kann ich mich nicht auf den Kompaß verlassen. Und wir fliegen immer hübsch niedrig. Dann finden wir Mengen von Wölfen, und ich setze Sie ab und wünsche gute Landung!»

Er hielt fast Wort, obwohl die nächsten drei Tage für einen Flug nicht recht geeignet waren. Erstens hatten wir eine dicke Wolkenschicht in Bodennähe, und zweitens hinkte der kühne Himmelsstürmer schrecklich, weil einer der hydraulischen Zylinder der Landevorrichtung ausgefallen war. Gegen das Wetter konnten wir nichts unternehmen, doch der Mechaniker fand heraus, daß man den Zylinder wieder funktionstüchtig machen konnte, indem man ihn mit Robbenöl füllte. Dann leckte der Zylinder zwar immer noch, doch er hielt das Flugzeug wenigstens zwanzig Minuten lang aufrecht, ehe es wieder wie eine sterbende Ente auf eine Seite sank.

Am Morgen des vierten Tages bereiteten wir uns auf den Abflug vor. Da das Flugzeug nur eine kleine Ladung an Bord nehmen konnte, mußte ich einen Teil meiner Ausrüstung über Bord werfen, darunter auch die nutzlose Kanurumpfbadewanne. Allerdings konnte ich gegen einen Kanister ein fünf Meter langes, leinwandbespanntes Kanu in recht gutem Zustand eintauschen, und der Pilot versicherte, wir könnten es bequem unter den Flugzeugrumpf binden.

Dabei spielte ich dem gutwilligen Kerl einen etwas unfeinen Streich. Mein Bier war unter den überflüssigen Teil der Ausrüstung eingereiht worden, doch eines Abends entdeckte ich im Licht einer Taschenlampe, daß alle fünfzehn Kästen sich sehr gut in dem Kanu verstauen ließen. Und wenn man dieses Kanu dann schön fest an den Flugzeugrumpf band, verriet es nicht, welche lebenswichtige Fracht es enthielt.

Wir starteten an einem wunderschönen Tag. Der Wind wehte nur mit etwa 60 Stundenkilometern aus dem Osten, und es fiel kein Schnee, als wir durch dichten schwarzen Seenebel aufstiegen, Churchill sofort aus den Augen verloren und nach Nordwesten flogen.

Tatsächlich war es nicht ganz so einfach, wie es hier steht. Ein kurzes Tauwetter am vorhergehenden Tag hatte die Schneekufen des Flugzeuges ein paar Zentimeter tief in das Eis einsinken lassen, und dort waren sie dann festgefroren. Obwohl beide Motoren mit voller Kraft heulten, rührte die Maschine sich nicht vom Fleck. Dieses störrische Verhalten schien den Piloten und den Mechaniker sehr zu verwundern, und erst als mehrere Männer aus der Kneipe gelaufen kamen, unverständliche Worte schrien und auf unsere Schneekufen deuteten, wurde uns die Art unserer Schwierigkeit bewußt. Mit Hilfe dieser feinen Kerle gelang es uns endlich, das Flugzeug freizuschaukeln, doch da war dann der defekte Zylinder schon wieder zusammengebrochen und verursachte eine neue Verzögerung, weil er erst eine neue Robbenölspritze brauchte.

Nachdem die Maschine nun endlich anrollen konnte, enttäuschte sie ihren Piloten dadurch, daß sie sich entschieden weigerte, sich vom Boden abzuheben. Wir schlitterten mit aller Motorenkraft voran, kamen aber nicht vom Eis frei. Im letzten Augenblick riß der Pilot den Steuerknüppel herum, und wir beschrieben in einer riesigen Schneewolke einen weiten Bogen, ehe wir ein wenig beschämt an unseren Ausgangspunkt zurückkehren konnten.

«Komisch», sagte der Pilot. «Wirklich komisch. Sie müßte eigentlich aufsteigen, wissen Sie. Na gut, dann laden wir eben die Reservekanister aus, damit sie es ein bißchen leichter hat.»

Die Reservekanister hatte er für seinen Rückflug nach Churchill an Bord genommen, und ich fand es ziemlich bedenkenlos von ihm, daß er gerade sie auslud. Da er aber schließlich der Kommandant war, ließ ich ihn gewähren.

Ohne das zusätzliche Benzin (und nachdem wir den Zylinder noch einmal aufgefüllt hatten) gelang es uns, das Flugzeug beim nächsten Versuch in sein eigentliches Element zu befördern. Allerdings schien es sich dort nicht besonders wohl zu fühlen. Entschlossen weigerte es sich, höher als zweihundert Meter zu steigen, und die Drehzahlmesser beider Motoren blieben beharrlich bei etwa drei Vierteln der eigentlich erforderlichen Zahl stehen.

«Wir brauchen ja auch gar nicht höher», brüllte mir der Pilot vergnügt ins Ohr. «Sonst sehen wir die Wölfe nicht. Halten Sie jetzt die Augen offen!»

Ich drehte den Kopf, blickte aus dem zerkratzten Plexiglasfenster und strengte meine Augen an, so gut es ging, doch ich hatte damit keinen Erfolg. Wir flogen in einer dichten grauen Wolke, und meistens konnte ich nicht einmal das Ende der Tragfläche erkennen. Ich sah weder Wölfe noch irgendein Lebenszeichen von ihnen.

Ungefähr drei Stunden dröhnten wir dahin, und in dieser Zeit konnten wir ebensogut in einem Riesenkübel Sirup gesteckt haben. Nach dem, was wir vom Boden sahen, ließ sich das nicht beurteilen. Nach Ablauf dieser Zeit senkte der Pilot die Nase seiner Maschine und schrie mir zu: «Wir landen jetzt. Gerade noch genug Sprit für den Rückflug. Aber hier ist überall gutes Wolfsgebiet. Wölfe von bester Qualität!»

In einer Höhe von ungefähr zehn Metern über dem Boden durchstießen wir die Wolke und stellten fest, daß wir in einem meilenbreiten Tal zwischen felsigen Bergen und genau über einen gefrorenen See flogen. Ohne einen Augenblick zu zögern, landete der Pilot, und was immer ich auch zuvor von seinen fliegerischen Fähigkeiten gehalten haben mochte: Dieses Landemanöver beeindruckte mich, denn er landete sehr sicher auf unserer einzigen brauchbaren Kufe. Erst als die Maschine kaum noch Geschwindigkeit machte, gestattete er ihr, sich allmählich auf ihr krankes Bein zu senken.

Der Pilot stellte die Motoren nicht ab.

«So, das wär's Kumpel», sagte er herzlich, «raus mit Ihnen! Es muß schnell gehen, sonst wird es dunkel, ehe ich wieder in Churchill bin.»

Der sonst so träge Mechaniker wurde quicklebendig, wenige Augenblicke später lag meine gesamte Ausrüstung auf dem Eis, darunter auch das Kanu, und der lecke Zylinder wurde wieder so gefüllt, daß er die Maschine waagerecht hielt.

Nachdem er den Inhalt des Kanus gesehen hatte, warf mir der Pilot einen kummervollen Blick zu.

«Nicht sehr sportlich, wie?» fragte er. «Aber wahrscheinlich brauchen Sie das Zeug zum Aufheitern. Irgendwann im Herbst komme ich wieder und hole Sie ab, falls der alte Drachen bis dahin nicht sein Leben ausgehaucht hat. Aber Sie brauchen sich gar keine Sorgen zu machen. In dieser Gegend gibt es sicher eine Menge Eskimos, und die bringen Sie jederzeit nach Churchill zurück.»

«Danke schön», sagte ich betreten. «Aber können Sie mir vielleicht sagen, wo ich hier bin? Für meinen Bericht, meine ich.»

«Tut mir leid, das weiß ich selbst nicht genau. Sagen wir ungefähr 450 Kilometer nordwestlich von Churchill. Das muß so ungefähr stimmen. Von der Gegend hier gibt es sowieso keine Karten. Also – machen Sie's gut!»

Die Kabinentür schlug zu, die Motoren taten ihr Bestes, um in der bereits beschriebenen Weise aufzubrüllen, das Flugzeug holperte über Eisrisse, hob ab und verschwand in der Wolke.

Ich hatte meinen Arbeitsplatz sicher erreicht.

4. WANN IST EIN WOLF KEIN WOLF?

Während ich die kahlen, wolkenverschleierten Berge, das weite, vom Druck wellig gewordene Eis und jenseits des Tales die trost- und baumlose Unendlichkeit der Tundra betrachtete, zweifelte ich nicht daran, daß hier ein ausgezeichnetes Wolfsgelände sein mußte. Ich hatte sogar den Verdacht, daß mehrere wölfische Augenpaare mich bereits mit berechnendem Interesse betrachteten. Ich wühlte in meinem Ausrüstungshaufen, kramte den Revolver hervor und ging dann daran, meine Lage einzuschätzen.

Sie kam mir nicht sehr geheuer vor. Sicher, ich war anscheinend mitten in das Herz der Tundra von Keewatin eingedrungen, und ich hatte auch eine Art Basis errichtet, obgleich deren Lage – auf dem Eis eines Sees und weit vom Land entfernt – recht viel zu wünschen übrig ließ. Bis dahin hatte ich mich streng nach dem Buchstaben meiner Anweisung verhalten. Aber der nächste Paragraph in meinen Arbeitsrichtlinien war ein Stolperstein.

§ 3, Abs. (C) Abschn. (iv)

Unmittelbar nach Einrichtung eines ständigen Lagers werden Sie mit Hilfe des Kanus und unter Benutzung von Wasserwegen eine eingehende Überprüfung der Umgebung vornehmen, die so ausführlich sein soll, daß sie statistisch auswertbar wird. Dabei ist die Wohndichte des Canis lupus zu ermitteln und alles darauf vorzubereiten, daß alsbald Kontakt mit dem Studienobjekt aufgenommen werden kann …

Ich wollte sehr gern meinen Anweisungen gehorchen, doch das Eis zu meinen Füßen wirkte so solide, daß ich den Eindruck hatte, Kanufahrten müßten wohl doch noch für einige Wochen aufgeschoben werden, falls sie überhaupt jemals möglich würden. Da ich obendrein kein anderes Beförderungsmittel zur Verfügung hatte, wußte ich nicht recht, wie ich mein Gebirge an Ausstattungsgegenständen auf festes Land befördern sollte. Und die Aufnahme von Kontakten zum Forschungsobjekt schien gegenwärtig überhaupt nicht in Betracht zu kommen, falls die Wölfe sich nicht entschlossen, selbst die Initiative zu ergreifen.

Das war ein ernsthaftes Dilemma. Meine Arbeitsanweisungen waren in engem Zusammenwirken mit dem Meteorologischen Dienst aufgestellt worden, der versichert hatte, normalerweise könne man damit rechnen, daß zur Zeit meiner Ankunft alle Gewässer der Umgebung eisfrei seien.

Meine Einführungszeit in Ottawa hatte mich gelehrt, daß man Informationen anderer Abteilungen niemals bezweifeln dürfe. Wenn aber die geplante Arbeit wegen solcher Informationen scheiterte, trug ein für allemal der Mitarbeiter im Außendienst die Schuld daran.

Unter diesen Umständen konnte ich nur eines tun. Trotz der entmutigenden Reaktion auf meinen ersten Funkspruch nach Ottawa mußte ich neue Anweisungen einholen.

Sofort ging ich an die Arbeit. Ich packte das tragbare Funkgerät aus und stellte es auf einen Kistenstapel. Zuvor hatte ich keine Zeit gehabt, mir die Bedienungsanweisung anzusehen. So war ich jetzt ein wenig überrascht, als ich feststellte, daß das Gerät, das man mir gegeben hatte, eigentlich für Waldarbeiter bestimmt war. Man konnte normalerweise nicht erwarten, damit außerhalb eines Umkreises von zwölf Meilen gehört zu werden. Trotzdem baute ich die Batterien ein, errichtete die Antenne, drehte an Schaltern und drückte auf Knöpfe, wie die Gebrauchsanweisung es vorschrieb, und ging auf Sendung.

Aus irgendeinem Grund, der sicher nur dem Postministerium bekannt war, das Geräte wie das meine ausgab, war mein Rufzeichen «Gänseblümchen». In den nächsten Stunden schrie das Gänseblümchen klagend zum subarktischen Himmel empor, empfing jedoch nicht das leiseste Flüstern als Antwort. Fast war ich schon bereit, die pessimistische Angabe in der Gebrauchsanweisung zu glauben, als ich in den Kopfhörern über das Knistern und Rauschen hinweg den schwachen Ton einer menschlichen Stimme vernahm. Hastig stimmte ich das Gerät so ein, daß ich einen Wortschwall erfassen konnte, den ich nach einigen Schwierigkeiten als Spanisch identifizierte.

Da mir durchaus bewußt ist, daß mein Bericht die Leichtgläubigkeit meiner Leser überfordern könnte, da ich weiterhin über keinerlei funktechnische Kenntnisse verfüge, kann ich hier nur eine Erklärung einfügen, die mir später ein Fachmann gab, und zugleich versichern, daß kein einfacher Biologe die nun folgenden Ereignisse hätte erfinden können. Zur technischen Erklärung gehört eine sehr geheimnisvolle, «Wellensprung» genannte Erscheinung, bei der durch das Zusammentreffen verschiedener atmosphärischer Bedingungen manchmal (und ganz besonders im Norden) Sender von sehr kleiner Kraft beträchtliche Entfernungen überbrücken können. Mein Gerät übertraf sich selbst. Der Empfänger, den ich angesprochen hatte, gehörte einem Funkamateur in Peru.

Sein Englisch war durchaus so unvollkommen wie mein Spanisch, so daß es einige Zeit dauerte, bis wir uns gegenseitig verständlich machten, und selbst dann schien mein Gesprächspartner noch überzeugt zu sein, ich spräche irgendwo aus der Nähe von Feuerland. Ich war der Verzweiflung nahe, ehe mein peruanischer Partner sich endlich bereit erklärte, die wichtigsten Punkte meiner Nachricht an meinen Chef niederzuschreiben und sie dann nach Ottawa weiterzuleiten. Meinen Anweisungen gehorsam, beschränkte ich die Botschaft auf zehn Worte, und das war nur gut so. Denn nachdem diese Worte zunächst von dem Peruaner nicht richtig verstanden, dann durch die doppelte Übersetzung weiter entstellt worden waren, riefen sie, wie ich später erfahren sollte, so etwas wie eine Krise hervor.

Vielleicht lag es an seiner südamerikanischen Herkunft, daß mein Funkspruch nicht meiner Abteilung zugeleitet wurde, sondern dem Außenministerium. Das Auswärtige konnte nichts damit anfangen, sondern stellte nur fest, der Funkspruch käme irgendwo aus der Nähe von Feuerland und sei offenbar verschlüsselt. Eilige Rückfragen beim Verteidigungsministerium verhalfen nicht zu einer Entschlüsselung des Textes, und man wußte auch nichts darüber, daß etwa ein kanadischer Geheimagent in der Gegend von Kap Hoorn eingesetzt sei.

Nur durch sehr glückliche Umstände wurde mein Geheimnis jemals enträtselt. Einige Wochen später erzählte ein Sekretär des Außenministeriums, der gelegentlich mit einem Beamten meiner

Abteilung zu Mittag aß, ihm beiläufig von der Geschichte, und dabei erwähnte er zufällig, die rätselhafte Botschaft sei mit dem Namen Varley Monfat gezeichnet.

Mit einer lobenswerten und ziemlich überraschenden Geistesgegenwart erkannte mich mein älterer Kollege als den vermutlichen Absender des Funkspruchs. Das führte allerdings zu einem neuen und noch verwirrenderen Rätsel, denn im ganzen Ministerium fand sich niemand, der zugeben wollte, er habe mir erlaubt, nach Feuerland zu reisen. Das Ergebnis war, daß über den kanadischen Konsul in Chile eine Serie dringender Aufforderungen an mich erging, ich solle mich sofort und unverzüglich in Ottawa melden.

Keine dieser Aufforderungen erreichte mich jemals. Sie hätten mich auch dann nicht erreicht, wenn sie auf einem etwas direkteren Weg an mich gerichtet worden wären, denn meine Batterie war nur für eine sechsstündige Lebensdauer bestimmt, und die einzige Station, die ich vor ihrem Dahinscheiden noch erreichen konnte, war der Moskauer Rundfunk mit Unterhaltungsmusik.

Aber ich will zu meinem Bericht zurückkehren.

Als ich meine Geschäfte mit Peru erledigt hatte, war es schon recht dunkel geworden, und die Berge schienen näher zu rücken. Bisher hatte ich zwar noch kein Lebenszeichen von Wölfen gesehen, aber sie beschäftigten mich selbstverständlich sehr, und als ich in der Nähe des Talausgangs eine Bewegung wahrzunehmen meinte, wurde ich sogar noch wolfsbewußter.

Unter äußerster Anspannung meines Gehörs nahm ich ein schwaches, aber geradezu elektrisierendes Geräusch wahr, das ich sofort erkannte. Wenn ich es auch niemals in der Natur gehört hatte, so war es mir doch aus einigen Abenteuerfolgen durchaus bekannt. Es war ganz unmißverständlich das wilde Geheul eines Wolfsrudels, und ebenso unmißverständlich bewegte sich dieses Rudel genau auf mich zu. Wenigstens eines meiner Probleme sollte also offenbar schon bald gelöst werden. Ich war im Begriff, Kontakt mit dem Studienobjekt aufzunehmen.

Die Lösung dieses Problems führte sofort zu einigen weiteren. Darunter war nicht das geringste, daß ich nur sechs Patronen in meinem Revolver hatte und mich nicht erinnern konnte, wo die Reservemunition verstaut war. Dabei kam es auf jede Stunde an, denn nachdem ich so viel über Wölfe gelesen hatte, wußte ich, daß die Zahl der Tiere in einem Rudel vier oder auch vierzig betragen kann. Darüber hinaus vermutete ich nach dem Lärm der herankommenden Tiere, daß dieses Rudel jedenfalls annähernd vierhundert Wölfe umfassen müsse.

Die subarktische Nacht umgab mich jetzt dicht, und bald würden es auch die Wölfe tun. So dunkel war es jetzt schon, daß ich weder ihre ungefähre Anzahl noch ihr wahrscheinliches Verhalten beurteilen konnte. Deshalb beschloß ich, mich unter dem umgestürzten Kanu zu verbergen, damit eine menschliche Anwesenheit nicht allzu offensichtlich war, denn die konnte immerhin bei den Bestien ein untypisches Verhalten hervorrufen.

Nun ist es zwar ein Grundgesetz, daß ein Biologe seiner Aufmerksamkeit niemals gestatten darf, von seinem Beobachtungsgegenstand abzuweichen, doch die Ehrlichkeit zwingt mich zu dem Geständnis, daß es mir unter den gegebenen Umständen schwerfiel, mich korrekt wissenschaftlich zu verhalten. Besonders mein Kanu bereitete mir Sorgen. Da es nur mit dünner Zeltleinwand über schmächtigen Spanten bespannt war, konnte es, wie ich befürchtete, bei rauher Behandlung leicht beschädigt werden, und in diesem Falle würde ich künftig ohne jedes Fortbewegungsmittel sein. Das zweite, was mich bewegte, war so ungewöhnlich, daß ich es besonders betonen muß, und sei es nur, um zu zeigen, wie unlogisch der menschliche Verstand arbeitet, wenn er nicht sehr diszipliniert unter Kontrolle gehalten wird. Ich verspürte nämlich in mir den inständigen Wunsch, ich könnte mich in eine schwangere Eskimofrau verwandeln.

Da ich nun nicht mehr sehen konnte, was sich abspielte, mußte ich mich auf meine übrigen Sinne verlassen. Meine Ohren belehrten mich, daß das Rudel sich mir sehr schnell näherte, einmal meine Ausrüstungsstapel umkreiste und dann auf das Kanu zustürzte.

Ein schrecklicher bellender, jaulender, winselnder Chor ließ mich fast taub werden, und dieses Geräusch war so erschreckend, daß ich so etwas wie Halluzinationen bekam. Ich bildete mir nämlich ein, über den Lärm hinweg das kehlige Brüllen einer fast menschlichen Stimme zu hören, und dieses Gebrüll klang ungefähr wie: «Wolltihrwohldieschnauzenhaltenihrblödenhunde!»

Daraufhin entstand ein wildes Trappeln, dann ein schmerzliches Aufjaulen und schließlich überraschenderweise völlige Stille.

Ich war jahrelang darauf geschult worden, aus Naturerscheinungen logische Schlüsse zu ziehen, doch diese Situation überstieg meine Möglichkeiten. Ich brauchte mehr Hinweise. Sehr vorsichtig schob ich ein Auge an den schmalen Spalt zwischen dem Kanurand und dem Eis. Erst sah ich nichts als Wolfspfoten – aber dann entdeckte ich andere Füße, und zwar ein einzelnes Paar, das ganz bestimmt nicht zu einem Wolf gehörte. Plötzlich stellte sich meine Fähigkeit, logische Schlüsse zu ziehen, wieder ein. Ich hob eine Seite des Kanus an, streckte den Kopf heraus und sah in das erschrockene und ziemlich mißtrauische Gesicht eines ganz in Rentierfelle gekleideten jungen Mannes.

Rund um ihn lagen die vierzehn großen, herrlichen Schlittenhunde, die zu seinem Gespann gehörten. Aber wirkliche und wahrhaftige Wölfe waren nirgends zu sehen.

5. KONTAKT!

Selbstverständlich war ich enttäuscht, daß meine erste Begegnung mit Wölfen sich als eine Begegnung mit Nichtwölfen erwies, doch ich sollte entschädigt werden.

Der junge Mann, dem die Hunde gehörten, war, wie sich bald herausstellte, ein Trapper, halb Eskimo und halb Weißer, der einige Meilen entfernt eine Hütte besaß. Sie lag ganz ausgezeichnet, um mir als Ausgangslager für meine Arbeit zu dienen. Abgesehen von einer kleinen Gruppe von Eskimos, zu der auch die Familie mütterlicherseits des jungen Mannes gehörte und die etwa hundert Kilometer weiter nordwärts lebte, war dieser junge Mann namens Mike der einzige menschliche Bewohner eines Gebietes von einigen zehntausend Quadratkilometern. Das war eine sehr gute Nachricht, denn sie sicherte, daß mein Wolfsstudium nicht durch menschliche Eindringlinge behindert werden konnte. Denn Menschen waren das, was ich am wenigsten gebrauchen konnte.

Zunächst neigte Mike dazu, mich mit einiger Zurückhaltung, um nicht zu sagen mit Mißtrauen, zu behandeln. In seinen achtzehn Lebensjahren hatte er nie erlebt, daß ein Flugzeug in dieser Gegend gelandet wäre, hatte überhaupt erst zwei oder drei dieser Maschinen gesehen, und diese waren hoch über ihn hinweggeflogen. Deshalb war es für ihn schwer zu begreifen, daß ein Flugzeug, das er weder gesehen noch gehört hatte, mich und meine umfangreiche Ausrüstung hier mitten auf dem See abgesetzt haben sollte. Am Anfang unserer Beziehungen neigte er dazu, meine Gegenwart eher auf übernatürliche Weise zu erklären, denn von seinem Vater, einem Pelzhändler, hatte er genug vom Christentum gehört, um vor dem Teufel auf der Hut zu sein. Deshalb nahm er kein Risiko auf sich. In den ersten Tagen trug er stets sein Gewehr mit sich und hielt sich in achtungsvoller Entfernung. Nachdem ich ihn aber erst mit dem Wolfssaft bekannt gemacht hatte, legte er das Gewehr beiseite. Offensichtlich fand er, falls ich wirklich der Teufel sei, wären meine Waffen zu mächtig, um ihnen zu widerstehen.

An diesem ersten Abend führte Mike mich wahrscheinlich deshalb zu seiner Hütte, weil er nicht wußte, was er sonst mit mir anfangen sollte. Ein Palast war diese Hütte wahrlich nicht. Sie bestand aus Holzpfählen und war mit Rentierhäuten gedeckt. Ich sah jedoch sofort, daß sie für meine Zwecke sehr geeignet war.

Da meine Abteilung mich bevollmächtigt hatte, Hilfskräfte unter den Bewohnern des Landes auszusuchen und einzustellen, solange die daraus entstehenden Unkosten den Betrag von drei Dollar im Monat nicht überstiegen, schloß ich sofort einen Vertrag mit Mike und gab ihm einen Schuldschein über den Betrag von zehn Dollar für einen dreimonatigen Aufenthalt in seiner Hütte, für seine Dienste als Führer und für eine Beschäftigung als Mädchen für alles. Mir war durchaus klar, daß ich damit angesichts der bei der Regierung üblichen Regelungen ein fürstliches Gehalt zahlte, ich meinte jedoch, das Schatzministerium würde meine Verschwendung wohl hinnehmen, wenn es bedachte, daß meine Abteilung in Gefahr geriet, für 4000 Dollar Ausrüstung zu verlieren, sobald das Eis schmolz.

Nach allem, was sich anschließend abspielte, vermute ich, daß mein Abkommen mit Mike ziemlich einseitig war, und daß er seinen Sinn nicht völlig begriffen hatte. Jedenfalls ließ er mir aber die Hilfe seiner Hunde, mit denen ich meine Ausrüstung vom Eis holen konnte.

In den nächsten Tagen war ich sehr beschäftigt. Ich packte meine Ausrüstung aus und richtete mein Laboratorium ein. Dabei mußte ich den größten Teil der Hütte mit Beschlag belegen. Für Mike hatte ich nicht viel Zeit übrig, doch ich bemerkte, daß er sich offenbar Sorgen machte. Da er aber von Natur aus sehr schweigsam zu sein schien – abgesehen vom Umgang mit seinen Hunden – und da ich zudem meinte, daß eine so kurze Bekanntschaft mir nicht das Recht gab, in seine Privatangelegenheiten einzudringen, versuchte ich nicht, den Grund seiner umwölkten Stirn zu enträtseln. Immerhin versuchte ich hin und wieder, ihn ein wenig zu zerstreuen, indem ich ihm den einen oder anderen Gegenstand aus meiner wissenschaftlichen Ausrüstung vorführte.

Diese Vorführungen schienen ihn zu fesseln, obgleich sie nicht die erwünschte Wirkung hatten, seine bedrückte Haltung zu verändern. Vielmehr wurde er immer düsterer. Kurz nachdem ich ihm die «Wolfstöter» gezeigt und ihm erklärt hatte, sie wirkten absolut tödlich und seien außerdem kaum zu entdecken, wurde sein Verhalten geradezu unvernünftig. Er trug jetzt immer einen festen Stock bei sich, und ehe er sich auch nur zum Essen niedersetzte, prüfte er die Bank und manchmal sogar den Teller mit sehr mißtrauischen Augen. Er klopfte auch erst seine Stiefel ab, ehe er sie am Morgen anzog.

Bei einer anderen Gelegenheit zeigte ich ihm eine große Menge von Mausefallen. Damit sollte ich kleine Säugetiere fangen, die dazu dienen sollten, die in Wolfsmägen vorgefundenen Speisereste zu identifizieren. Dann erklärte ich ihm, wie man ein Mäuseskelett auskocht, um es als Ausstellungsstück zu präparieren. Daraufhin verließ er wortlos die Hütte und weigerte sich hinfort, die Mahlzeiten gemeinsam mit mir einzunehmen.

Dieses Verhalten regte mich nicht sonderlich auf, denn ich hatte einige psychologische Kenntnisse und erkannte alle Anzeichen einer unentwickelten Persönlichkeit. Trotzdem versuchte ich, Mike aus seiner Reserve hervorzulocken. Eines Abends lockte ich ihn in die Ecke, in der ich mein Labor eingerichtet hatte, und zeigte ihm stolz meine blitzenden Skalpelle, Knochenscheren, Hirnlöffel und andere Instrumente, die ich bei der Autopsie von Wölfen verwenden wollte, vielleicht auch von Karibus und anderen Tieren. Es fiel mir nicht ganz leicht, Mike verständlich zu machen, was unter einer Autopsie zu verstehen war, und so schlug ich ein Lehrbuch der Pathologie auf und zeigte ihm das zweifarbige Bild eines aufgeschnittenen menschlichen Bauches, weil ich meinte, meine Erklärung damit verständlicher machen zu können. In diesem Augenblick mußte ich allerdings feststellen, daß ich keinen Zuhörer mehr hatte. Mike schlich rückwärts auf die Tür zu, die schwarzen Augen in wachsendem Entsetzen auf mich gerichtet, und ich begriff sofort, daß er mißverstanden hatte, was ich ihm hatte sagen wollen. Ich sprang auf, weil ich ihn beruhigen wollte, doch bei meiner ersten Bewegung sprang er aus der Tür und jagte wie gehetzt davon.

Ich sah ihn erst am folgenden Nachmittag wieder. Als ich von einem Rundgang zurückkam, bei dem ich eine Reihe von Mausefallen aufgestellt hatte, packte er seine Habe zusammen, als bereitete er sich auf eine längere Reise vor. So leise und schnell, daß ich ihn kaum verstehen konnte, erklärte er mir, er müsse sofort seine kranke Mutter im Eskimolager besuchen, und er werde voraussichtlich einige Zeit ausbleiben. Daraufhin lief er hinaus, wo die Hunde bereits angeschirrt warteten, und jagte ohne ein weiteres Wort nordwärts davon.

Ich bedauerte seinen Aufbruch, denn wenn die Tatsache, daß ich nun mit den Wölfen der Umgebung ganz allein war, vom wissenschaftlichen Standpunkt aus auch als sehr erfreulich angesehen werden mußte, schien sie doch zugleich die recht unheimliche Atmosphäre in diesem trostlosen, windgepeitschten Land ringsum zu verstärken. Außerdem hatte ich noch nicht beschlossen, nach welcher Methode ich Bekanntschaft mit den Wölfen schließen wollte, und ich hätte es sehr gern gesehen, wenn Mike die erste gegenseitige Vorstellung übernommen hätte. Selbstverständlich war eine kranke Mutter wichtiger als meine wissenschaftlichen Bedürfnisse, wenn ich auch bis heute nicht recht begreife, woher Mike eigentlich etwas von der Krankheit seiner Mutter wußte.

Das gewichtige Problem, wie ich am besten Kontakt zu den Wölfen aufnehmen sollte, mußte warten, während ich daranging, meinen Forschungsplan auszuarbeiten. Allein unter dem Stichwort «Sexualverhalten» konnte ich 51 Unterthemen finden, und jedes einzelne verlangte genaue Untersuchung. Gegen Ende der Woche wurde mein Papier knapp. Es wurde Zeit, an die Arbeit zu gehen.

Da ich ein Neuling in diesem Lande war, schien es mir geraten, mich vorsichtig mit der Umgebung vertraut zu machen. Deshalb dehnte ich meine Rundgänge zuerst nur auf einen Umkreis von etwa dreihundert Metern rund um die Hütte aus.

Diese Expedition enthüllte nicht viel, abgesehen von der Tatsache, daß ich etwa vier- bis fünfhundert Rentierskelette fand. Tatsächlich schien die ganze Umgebung der Hütte mit Karibuknochen förmlich gepflastert zu sein. Da ich durch meine Befragungen in Churchill wußte, daß Trapper niemals Karibus schießen, konnte ich nur annehmen, daß alle diese Tiere von Wölfen getötet sein mußten. Das war ein sehr ernüchternder Schluß. Wenn ich davon ausging, daß die Zahl der getöteten Karibus im ganzen Land so groß war wie hier in der Umgebung meiner Hütte, mußten die Wölfe jährlich allein im Distrikt Keewatin ungefähr zwanzig Millionen Karibus töten.

Nach dieser Wanderung über ein Skelettfeld dauerte es drei Tage, ehe ich Zeit für einen nächsten Ausflug fand. Ich hatte eine Büchse und einen Revolver mitgenommen, ging einen halben Kilometer, sah jedoch keine Wölfe. Hingegen stellte ich zu meiner Überraschung fest, daß die Anzahl der gefundenen Karibuskelette mit zunehmender Entfernung von der Hütte abnahm. Tief verwundert darüber, daß die Wölfe ihre Schlachtfeste offensichtlich in nächster Nähe einer menschlichen Behausung zu halten pflegten, beschloß ich, Mike zu befragen, wenn er zurückkam.

Inzwischen war der Frühling mit vulkanischer Gewalt über die Tundra hereingebrochen. Der Schnee schmolz so schnell, daß die gefrorenen Flüsse das Schmelzwasser nicht fassen konnten, das anderthalb Meter tief über die verbleibende Eisschicht hinwegströmte. Endlich gab das Eis mit einer donnernden Explosion nach, und bald darauf durchspülte der Fluß, in dessen Nähe ich wohnte, meine Hütte und brachte alle Exkremente mit, die vierzehn Schlittenhunde im Laufe des Winters an seinen Ufern hinterlegt hatten. Endlich ging das Wasser zwar wieder zurück, doch die Hütte hatte viel von ihrem Zauber verloren, denn die Schicht auf dem Boden war zwanzig Zentimeter dick und ein wenig abstoßend. Ich beschloß, mein Zelt am Kieshang oberhalb der Hütte aufzuschlagen, und hier versuchte ich am Abend vergebens einzuschlafen, als mir ungewohnte Geräusche auffielen. Ich richtete mich zum Sitzen auf und lauschte gespannt.

Die Geräusche drangen von jenseits des Flusses aus nördlicher Richtung herüber und waren ein verworrenes Potpourri aus winselnden, wimmernden und heulenden Lauten. Langsam entspannte sich mein Griff um den Gewehrkolben. Wenn Wissenschaftler überhaupt etwas gelernt haben, dann das, daß sie aus Erfahrung lernen. Zweimal wollte ich mich nicht zum Narren halten lassen. Diese Laute stammten offenbar von jungen Hunden. Vermutlich handelte es sich um eines von Mikes Tieren. Er besaß drei Welpen, die noch nicht an das Geschirr gewöhnt waren und hinter der Meute herliefen. Es hatte sich wohl verlaufen, dann den Weg zur Hütte zurückgefunden und bettelte nun darum, daß jemand käme und nett zu ihm wäre.

Ich freute mich. Wenn dieser Welpe einen Gefährten und Freund suchte, war ich der richtige Mann für ihn! Eilig stieg ich in meine Kleider, rannte zum Flußufer hinunter, bestieg das Kanu und paddelte munter zum anderen Ufer.

Der Welpe hatte seine Klage niemals unterbrochen, und ich wollte ihm schon beruhigende Worte zurufen, als mir einfiel, daß der Klang einer menschlichen Stimme ihn vielleicht erschrecken könnte. Deshalb wollte ich ihn lieber anschleichen und mich dann erst zu erkennen geben, wenn ich ihm so nahe war, daß ich beschwichtigend auf ihn einreden konnte.

Nach den Geräuschen hatte ich vermutet, das Tier könne nur ein paar Meter vom anderen Ufer entfernt sein, doch als ich mir einen Weg über Felsbrocken und Kiesstreifen bahnte, schienen die Laute immer gleich stark zu bleiben, ohne daß ich ihnen näher kam. Vielleicht war der Welpe scheu und zog sich zurück. Da ich ihn unter keinen Umständen verjagen wollte, verhielt ich mich noch immer still, selbst als das Klagen plötzlich aufhörte und ich nicht mehr recht wußte, welcher Richtung ich folgen sollte. Zugleich aber sah ich einen Grat vor mir und dachte, wenn ich ihn erst erstiegen hätte, müßte ich im Mondschein genug sehen, um das verlorene Tier zu finden. Als ich mich der Anhöhe näherte, kroch ich auf dem Bauch vorwärts (und freute mich, daß ich einst solche Künste als Pfadfinder gelernt hatte). Vorsichtig schob ich mich die letzten Zentimeter voran.

Behutsam hob ich den Kopf – und dort lag der Kleine. Offenbar ruhte er sich nach seinem klagenden Singsang aus, und seine Nase war höchstens einen Meter von meiner entfernt. Schweigend starrten wir einander an. Ich weiß nicht, was in seinem kräftigen Schädel vorging, doch in meinem Kopf drängten sich die verwirrendsten Gedanken. Ich starrte genau in die bernsteinfarbenen Augen eines ausgewachsenen Polarwolfes, der wahrscheinlich mehr wog als ich und der vermutlich im Nahkampf viel erfahrener war, als ich es jemals sein würde.

Einige Sekunden lang rührte sich keiner von uns beiden, sondern wir sahen einander nur hypnotisch in die Augen. Der Wolf beendete diese Bewegungslosigkeit zuerst. Mit einem Sprung, der einem russischen Tänzer alle Ehre gemacht hätte, sprang er ungefähr einen Meter hoch senkrecht in die Luft, landete wieder und raste davon. Die Lehrbücher sagen, daß ein Wolf ungefähr 40 Kilometer in der Stunde laufen kann, doch dieser hier schien nicht mehr zu laufen, sondern zu fliegen. Sekunden später war er aus meinem Blickfeld verschwunden.

Meine eigene Leistung war nicht so großartig, obwohl ich vielleicht auch einen Rekord im Querfeldeinlauf einstellte. Den Fluß überquerte ich so eilig, daß ich das Kanu fast in ganzer Länge das andere Ufer hinauffuhr. Dann erinnerte ich mich an meine wissenschaftliche Verantwortung, betrat die Hütte, verriegelte die Tür und machte es mir ohne Rücksicht auf den Gestank auf dem Tisch für den Rest einer kurzlebigen Nacht so bequem wie möglich.

Es war zwar ein recht aufregendes und anstrengendes Zwischenspiel gewesen, doch ich konnte mich immerhin dazu beglückwünschen, daß ich, wenn auch nur für kurze Zeit, den Kontakt mit meinem Forschungsobjekt hergestellt hatte.

6. DIE HÖHLE

Ich konnte nicht schlafen. Der Tisch war zu kurz und zu hart, die Luft in der Kabine viel zu dick und die Erinnerung an meine Begegnung mit dem Wolf noch zu lebendig. Ich versuchte, Schafe zu zählen, doch sie verwandelten sich immer wieder in Wölfe und ließen mich hellwach bleiben. Als endlich ein paar rotrückige Mäuse, die unter dem Fußboden der Hütte hausten, anfingen, Geräusche von sich zu geben, die durchaus denen ähnlich waren, die ein an der Tür schnüffelnder Wolf verursachen mochte, gab ich den Gedanken an Schlaf endgültig auf, zündete Mikes Öllampe an und beschloß, die Morgendämmerung zu erwarten.

Meine Gedanken beschäftigten sich noch einmal mit der nächtlichen Begegnung. Wenn man bedenkt, wie kurz das Zusammentreffen mit dem Wolf gewesen war, verblüffte der Reichtum an Einzelheiten, an die ich mich erinnerte. Vor meinem geistigen Auge konnte ich den Wolf (oder die Wölfin) sehen, als kennte ich ihn schon seit Jahren. Das Bild dieses kräftigen Kopfes mit der breiten weißen Halskrause, mit den kurzen, spitzen Ohren, den gelben Augen und den grauen Barthaaren hatte sich meinem Gedächtnis unauslöschlich eingeprägt. Das galt auch für das Bild des fliehenden Wolfes, für die geschmeidige, sehnige Bewegung des Tieres, das fast so groß zu sein schien wie ein kleines Pony und das den Eindruck einer tödlichen Kraft erweckte.

Je mehr ich darüber nachdachte, desto klarer wurde mir, daß ich keine sehr mutige Rolle gespielt hatte. Mein Rückzug vom Schauplatz war überhastet und würdelos gewesen. Dann aber kam mir der tröstliche Gedanke, daß der Wolf (oder die Wölfin) auch nicht gerade auf einen ordentlichen Rückzug geachtet hatte, und ich fühlte mich wieder ein wenig besser. Dieser Zustand fiel zufällig mit dem Sonnenaufgang zusammen, der jetzt die düstere Welt vor meinem Fenster in graues, fahles Licht tauchte.

Als das Licht stärker wurde, hegte ich sogar die Befürchtung, ich hätte eine Gelegenheit verpaßt, die sich vielleicht niemals wieder bieten sollte. Ich sagte mir, ich hätte dem Wolf folgen und mich bemühen sollen, sein Vertrauen zu erwerben, oder ihm doch wenigstens zu zeigen, daß ich seiner Art nicht übelwollte.

Die Kanadischen Häher, die allmorgendlich die Abfälle vor der Tür abholten, wurden jetzt lebhaft. Ich zündete den Kocher an und bereitete mein Frühstück. Dann packte ich entschlossen etwas zu essen in den Rucksack, nahm Munition für Büchse und Revolver, hängte mir das Fernglas um den Hals und brach auf, um mein Versagen von der vergangenen Nacht auszugleichen. Mein Plan war einfach. Ich wollte genau dorthin gehen, wo der Wolf gestern verschwunden war, seine Fährte aufnehmen und ihr folgen, bis ich ihn gefunden hatte.

Der Weg war recht uneben und steinig, und ich brauchte für den Weg erheblich länger als der Wolf, doch endlich erkannte ich die kleine Anhöhe, auf der ich ihn (oder sie) zuletzt gesehen hatte. Vor mir lag eine weite, morastige Fläche, die für Spuren sehr gut sein mußte, und in der Tat fand ich fast sofort einige Abdrücke, die über den schokoladenfarbenen Morast führten.

Ich hätte überglücklich sein müssen, doch ich war es nicht. Vielmehr brachte mir der erste Anblick der Wolfsspur eine Erkenntnis, auf die ich nicht vorbereitet war. Man kann in Lehrbüchern lesen, daß die Spur eines Polarwolfes gut fünfzehn Zentimeter im Durchmesser aufweisen kann, aber es ist etwas ganz anderes, wenn man diese Spur in ihrer Riesenhaftigkeit vor sich sieht. Der Anblick hatte eine stark dämpfende Wirkung auf die Begeisterung. Die Abdrücke im Boden und die Tatsache, daß jeder Schritt das Tier ungefähr achtzig Zentimeter weit getragen hatte, ließ vermuten, daß der Wolf, den ich verfolgte, ungefähr die Größe eines Grizzlybären haben mußte.

Ich studierte diese Fährte sehr lange und hätte sie vielleicht noch länger angestarrt, wenn mir nicht plötzlich eingefallen wäre, daß ich meinen Kompaß vergessen hatte. Da es unsinnig gewesen wäre, ohne ihn in ein Gebiet ohne alle Kennzeichen einzudringen, beschloß ich mit Bedauern, wieder zur Hütte zurückzukehren.

Als ich wieder dort ankam, war der Kompaß nicht da, wo er sein sollte. Oder vielmehr: Ich wußte nicht, wo er eigentlich sein sollte oder ob ich ihn überhaupt nach meinem Aufbruch aus Ottawa noch gesehen hatte. Das war eine neue Schwierigkeit. Um aber keine Zeit zu verlieren, setzte ich mich und griff nach einem der Standardwerke über den Wolf, mit dem meine Dienststelle mich ausgerüstet hatte. Selbstverständlich hatte ich alles, was dort über den Wolf stand, vorher schon vielmals gelesen, doch einige der wichtigsten Tatsachen hatten sich meinem Gedächtnis noch nicht eingeprägt. Da meine Phantasie jetzt durch meinen ersten Blick auf eine echte Wolfsspur angeregt war, las ich alles mit erneutem Interesse noch einmal.

Polarwölfe, so belehrte mich der Autor, waren die größte unter den vielen Unterarten des *Canis lupus*. Tiere bis zu einem Gewicht von hundertfünfzig Pfund seien gefunden worden, und sie hätten von den Fängen bis zur Schwanzspitze bis zu zweieinhalb Metern gemessen und eine Schulterhöhe von über einem Meter aufgewiesen. Ein ausgewachsenes Tier dieser Art konnte dreißig Pfund rohes Fleisch auf einmal verzehren (und tat es wahrscheinlich auch, wenn sich eine günstige Gelegenheit bot). Die sehr starken Zähne, so hieß es, seien zum Beißen und Reißen gleichermaßen geeignet, und der Besitzer dieser Zähne könne so auch das stärkste Säugetier zerlegen und auch starke Knochen mühelos zermalmen. Der Abschnitt schloß mit folgenden lichtvollen Bemerkungen: «Der Wolf ist ein wilder, mächtiger Mörder. Es ist eines der gefürchtetsten und gehaßtesten, dem Menschen bekannten Tiere, und das aus gutem Grund.» Dieser Grund wurde zwar nicht genannt, doch das wäre wohl auch überflüssig gewesen.

Für den Rest des Tages war ich sehr nachdenklich, und zuweilen fragte ich mich, ob meine Hoffnung, ich könnte das Vertrauen der Wölfe gewinnen, nicht doch allzu optimistisch wäre. Ich war ganz sicher, daß es mir nicht schwerfallen konnte, den Tieren zu zeigen, daß ich ihnen nichts antun wollte. Das hatte allerdings nur dann einen Wert, wenn die Wölfe die gleiche Einstellung hätten.

Am nächsten Morgen ging ich daran, das stinkende Durcheinander in der Hütte zu beseitigen, und dabei fand ich meinen Kompaß. Ich legte ihn auf das Fensterbrett, während ich meine Arbeit fortsetzte, doch die Sonne fiel auf seinen Messingdeckel, und er glitzerte mich so vorwurfsvoll an, daß ich beschloß, einen neuen

Versuch zu unternehmen, um den verlorenen Kontakt zu den Wölfen wiederherzustellen.

Bei dieser zweiten Safari kam ich noch langsamer voran, denn diesmal trug ich eine Büchse, den Revolver, eine Schrotflinte, die Pistole, den Patronengürtel, eine kleine Axt und eine Flasche Wolfssaft mit mir, letztere für den Fall, daß ich in einen der eisigen Wasserläufe fallen sollte.

Es war ein heißer Tag, und Frühlingstage können in der subarktischen Gegend fast so heiß sein wie in den Tropen. Die ersten Moskitos verkündeten bereits das Herannahen der den Himmel verdunkelnden Schwärme, die jede Wanderung durch die Tundra bald zu einem Weg durch die Hölle werden lassen würden. Ich entdeckte die Wolfsspur und folgte ihr entschlossen.

Eine Zeitlang führte sie schnurstracks über das Moor, doch während der Wolf nur ein paar Zentimeter eingesunken war, sank ich so tief ein, daß ich erst auf der Eisschicht in ungefähr einem Viertelmeter Tiefe wieder Halt fand. Unendlich erleichtert stieg ich endlich einen Kieshang hinauf und verlor prompt jede Spur der Wolfsfährte.

Alle Versuche, sie wiederzufinden, blieben vergeblich. Während ich mich in dieser Welt aus trübseligem Moor und frostzerfressenen Steinen umsah, die sich bis zu einem Horizont erstreckte, der so fern lag, daß er auch der Horizont des Meeres sein konnte, fühlte ich mich einsamer, als ich mich je im Leben gefühlt hatte. Kein freundliches Geräusch von Flugzeugmotoren unterbrach die Stille des endlosen Himmels. Kein ferner Verkehrslärm ließ den Boden unter meinen Füßen zittern. Nur das Pfeifen eines unsichtbaren Regenpfeifers deutete darauf hin, daß es in dieser Mondlandschaft, in der kein Baum wuchs, irgendwo Leben geben mußte.

Ich fand eine Nische zwischen flechtenbewachsenen Felsen, richtete mich darin ein und aß und trank. Dann nahm ich das Fernglas zur Hand und suchte die leere Landschaft nach einem Lebenszeichen ab. Unmittelbar vor mir lag die vereiste Bucht eines Sees, und auf dem anderen Ufer dieses Sees war etwas, was endlich die Farbeintönigkeit des Moores durchbrach. Es war ein gelber Sandhügel, der sich bis zu einer Höhe von 15 oder 20 Metern erhob und sich wie eine Schlange in der Ferne verlor.

Die Sandhügel dieser Gegend sind die ehemaligen Betten längst verschwundener Flüsse, die einst die Gletscher durchströmten, die vor Zehntausenden von Jahren den Bereich von Keewatin mehrere hundert Meter hoch bedeckten. Als das Eis schmolz, sanken die Flußbetten auf das darunterliegende Land ab, und hier bilden sie jetzt die einzige Abwechslung in der blassen Monotonie der Tundraebenen.

Ich betrachtete diesen Hügel sehr liebevoll und genau, und als ich mein Fernglas ein wenig seitwärts schwenkte, nahm ich endlich eine Bewegung war. Die Entfernung war zwar sehr groß, doch ich hatte den Eindruck, daß dort drüben gerade auf dem höchsten Punkt des Hügels, jemand die Arme über den Kopf hob und winkte. Aufgeregt sprang ich auf und lief auf dem Grat entlang bis zu seinem Ende am Seeufer. Ich war nun nur noch 300 Meter von dem Sandhügel entfernt, schöpfte Atem und sah abermals durch das Fernglas.

Der Gegenstand, den ich zuerst erblickt hatte, war zwar noch da, doch jetzt sah er aus wie eine weiße Federboa, die von einem unsichtbaren Menschen heftig geschüttelt wurde. Es war eine höchst unerklärliche Erscheinung, und nichts von allem, was ich während meines Studiums gehört hatte, schien darauf zu passen. Während ich noch verblüfft hinübersah, kam eine zweite zur ersten Boa, die ebenfalls heftig bewegt wurde, und beide gemeinsam bewegten sich parallel zur Hügelhöhe weiter.

Ich wurde etwas unsicher, denn ich hatte da eine Erscheinung vor mir, die offensichtlich wissenschaftlich nicht zu erklären war. Schon wollte ich alles Interesse an diesem Schauspiel aufgeben, bis vielleicht irgendein Experte für Psychologie zufällig vorbeikäme, als sich beide Boas ohne jede Warnung mir zuwandten, höher und höher wuchsen und sich schließlich als zwei Wolfsschwänze entpuppten, die über den Rand des Hügels hinwegragten.

Der Hügel lag höher als mein gegenwärtiger Standpunkt, und ich fühlte mich so vor allen Blicken entblößt wie die Damen in der Werbung für Unterwäsche. Ich wurde immer kleiner, schlängelte mich in mein Felsenversteck zurück und bemühte mich, so unsichtbar wie möglich zu werden. Aber solche Sorgen hätte ich mir gar nicht zu machen brauchen. Die Wölfe beachteten mich nicht, falls sie mich überhaupt gesehen hatten. Sie waren viel zu sehr mit ihren eigenen Angelegenheiten beschäftigt, und nach einiger Zeit stellte ich verblüfft fest, daß sie offensichtlich Haschen spielten.

Ich traute meinen Augen nicht. Die beiden schlichen sich gegenseitig an wie einmonatige Welpen! Der kleinere Wolf (der bald deutlich zeigte, daß er eine Wölfin war) übernahm die Initiative. Sie drückte die Schnauze auf die Pfoten und hob das Hinterteil auf eine höchst unwürdige Weise, dann sprang sie plötzlich auf den größeren Wolf zu, den ich als meine Bekanntschaft von vor zwei Tagen erkannte. Er versuchte ihr auszuweichen, stolperte dabei und überschlug sich. Sofort war sie über ihm, kniff ihm leicht in die Hinterseite, bevor sie ihn aufgeregt im Kreis umsprang. Der Wolf kam wieder auf die Pfoten und jagte ihr nach, doch er kam ihr nur sehr mühsam so nahe, daß er ihr endlich seinerseits in das Hinterteil beißen konnte. Sodann wurden die Rollen wieder vertauscht, die Wölfin verfolgte den Rüden, der sich in einer wilden Jagd hügelauf und hügelab verfolgen ließ, bis endlich beide Tiere an dem steilen Hang den Halt verloren und ineinander verschlungen abwärts rutschten.

Als sie so das Ende des Hügels erreicht hatten, lösten sie sich voneinander, schüttelten den Sand aus dem Fell und standen sich keuchend fast Nase an Nase gegenüber. Die Wölfin sprang zu und umarmte das männliche Tier mit beiden Vorderpfoten, während sie ihm zugleich mit langer Zunge einen Kuß auf die Nase drückte.

Der Wolf schien diese offenkundigen Sympathiebezeugungen hinzunehmen, sich aber kaum darüber zu freuen. Immer wieder versuchte er, mit dem Kopf auszuweichen, doch es gelang ihm nicht. Gegen meinen Willen spürte ich, daß meine Sympathie für ihn zunahm, denn was ich dort sah, war in der Tat eine anstößige Darbietung von Leidenschaft. Gleichwohl ertrug er alles mit aller Ruhe, die er aufzubringen vermochte, bis die Wölfin der Sache endlich müde wurde. Sie wandte sich von ihm ab, lief halb den Sandhügel hinauf und – verschwand.

Sie schien spurlos von der Erdoberfläche verschwunden zu sein. Erst als ich mein Fernglas auf einen dunkleren Punkt des Sandhügels richtete, der ungefähr dort war, wo ich die Wölfin zuletzt gesehen hatte, begriff ich. Der dunkle Punkt war der Eingang einer Höhle, und sehr wahrscheinlich war die Wölfin jetzt in ihrer Behausung verschwunden.

So erfreut war ich von der Tatsache, daß ich nicht nur ein Wolfspaar, sondern durch einen glücklichen Zufall zugleich auch noch die dazugehörige Höhle gefunden hatte, daß ich alle Vorsicht verlor und ein Stück weiter zu einem etwas erhöhten Punkt lief, um einen besseren Blick auf die Höhle zu gewinnen.

Der männliche Wolf, der am unteren Hügelrand entlanggeschlendert war, seit seine Frau ihn verlassen hatte, sah mich sofort. In drei oder vier Sätzen erreichte er die Höhe des Hügels, dort drehte er sich mir zu und beobachtete mich in einer Haltung angespannter Wachsamkeit. Meine Freude verging schnell. Jetzt sah er keineswegs mehr wie ein verspielter Welpe aus, sondern er hatte sich in eine herrliche Zerstörungsmaschine verwandelt, und er beeindruckte mich so sehr, daß der Flaschenhals an meinen Zähnen klapperte, als ich einen Schluck trank.

Ich hielt es für besser, die Wolfsfamilie an diesem Tag nicht mehr zu stören. Vielleicht verängstigte ich sie dann nur und veranlaßte sie dazu, ihre bisherige Höhle zu verlassen. Folglich zog ich mich zurück. Es war kein ganz leichter Rückzug, denn es gehört zu den schwierigsten Unternehmen, die ich mir vorstellen kann, wenn man rückwärts mehr als einen Kilometer weit einen steinigen und unebenen Hang hinaufgeht, wenn man zugleich noch, wie ich, von allen möglichen Erzeugnissen des Eisenwarenhandels belastet wird.

Als ich die Anhöhe erreichte, von der aus ich die Wölfe zuerst gesehen hatte, sah ich noch einmal schnell durch das Fernglas. Die Wölfin war noch immer unsichtbar, und der Wolf hatte seine gespannte Haltung aufgegeben und lag jetzt auf der Höhe des Sandhügels. Während ich ihn noch beobachtete, drehte er sich zwei- oder dreimal um seine eigene Achse wie ein Hund und steckte dann die Nase unter den Schwanz. Offenbar hatte er die Absicht, sich ein Schläfchen zu gönnen.

Ich war sehr erleichtert, daß er sich nicht mehr für mich interessierte, denn es wäre schade gewesen, wenn meine unbeabsichtigte Annäherung diese Wölfe über Gebühr gestört hätte. Dadurch hätte ich eine einzigartige Gelegenheit verloren, die Tiere zu beobachten, zu deren Studium ich so weit hergekommen war.

7. DER BEOBACHTER WIRD BEOBACHTET

Der offensichtliche Mangel an beständigem Interesse, den der große Wolf mir gegenüber zur Schau getragen hatte, war so ermutigend, daß ich am nächsten Morgen einen neuen Besuch unternahm. Diesmal nahm ich allerdings statt der Schrotflinte und der Axt ein sehr starkes Teleskop und ein Stativ mit. Meine Bewaffnung bildeten eine Büchse, der Revolver und ein Jagdmesser.

Es war ein schöner, sonniger Morgen und der Wind stark genug, um die Moskitoschwärme niederzuhalten. Als ich die Bucht mit dem Sandhang erreichte, wählte ich eine etwas erhöhte Felsgruppe ungefähr vierhundert Meter von der Höhle entfernt aus, an der ich mein Beobachtungsgerät so aufstellen konnte, daß zwar das Objektiv über die Steine herausragte, ich selbst aber versteckt bleiben konnte.

Ich war sorgfältig so angeschlichen, daß die Wölfe mich bestimmt nicht entdeckt haben konnten, und da der Wind gegen mich stand, war ich ganz sicher, daß sie keinerlei Verdacht geschöpft haben konnten.

Als alles in Ordnung war, richtete ich das Teleskop ein, doch zu meinem Leidwesen konnte ich keine Wölfe entdecken. Die Vergrößerung war so stark, daß ich fast jedes einzelne Sandkorn des Hügels erkennen konnte. Aber obwohl ich jeden Zentimeter in gut einem Kilometer Entfernung beiderseits der Höhle absuchte, fand ich keinen Hinweis darauf, daß Wölfe in der Nähe wären oder jemals sich an diesem Hügel aufgehalten hätten. Gegen Mittag taten mir die Augen weh, und ich hatte zudem einen schmerzhaften Wadenkrampf, und schon war ich fast überzeugt, ich hätte mich gestern getäuscht, und die Wolfshöhle wäre vielleicht nur eine zufällige Vertiefung im Sand.

Das war entmutigend, denn mir war inzwischen klargeworden, daß alle Studien- und Beobachtungspläne, die ich aufgestellt hatte, nicht viel einbringen konnten, falls die Wölfe nicht eine erhebliche Rolle dabei spielten. In einem so freien und unbewachsenen Land wie diesem war die Aussicht, in Sichtweite von Wölfen zu gelangen, minimal, falls man nicht eine erhebliche Portion Glück hatte, und davon hatte ich immerhin schon eine ganze Menge gehabt. Wenn der Fleck, den ich gestern gesehen hatte, keine Wolfshöhle war, dann hatte ich in dieser Landschaft etwa ebenso große Chancen, die richtige Höhle zu finden wie eine Diamantenmine zu entdecken.

Mürrisch wandte ich mich wieder der langweiligen Beobachtung durch das Teleskop zu. Der Sandhügel blieb einsam. Der heiße Sand ließ Hitzewellen aufsteigen, die meinen schmerzenden Augen nicht wohltaten. Gegen zwei Uhr hatte ich alle Hoffnung aufgegeben. Es hatte keinen Sinn mehr, daß ich mich verbarg, und so kam ich steif auf die Beine und schickte mich an, mich ein wenig zu erleichtern.

Nun ist es eine bemerkenswerte Tatsache, daß ein Mann, selbst wenn er in einem kleinen Boot ganz allein inmitten des Ozeans schwimmt oder sich inmitten eines pfadlosen Urwalds befindet, in dem Augenblick, in dem er seine Hose aufknöpft, stets argwöhnisch prüft, ob er nicht doch beobachtet wird. In dieser Situation kann sich auch der selbstsicherste Mann kaum davon zurückhalten, mißtrauische Blicke um sich zu werfen, um sich zu vergewissern, daß er wirklich ganz allein ist.

Es wäre eine Untertreibung, wenn ich jetzt sagte, daß ich ein wenig bekümmert gewesen wäre, als ich feststellte, daß ich keineswegs allein war; denn unmittelbar hinter mir, kaum zwanzig Meter entfernt, saßen die so lange vermißten Wölfe.

Sie schienen völlig entspannt zu sein und sich ihrer Bequemlichkeit zu erfreuen, als hätten sie schon stundenlang dort hinter meinem Rücken gesessen. Der große Rüde schien ein wenig gelangweilt, doch der Blick der Wölfin war mit einer Art schamloser und unfeiner Neugier auf mich gerichtet.

Die menschliche Psyche ist wirklich seltsam. Unter fast allen anderen möglichen Umständen wäre ich vermutlich furchtbar erschrocken, und ich denke, niemand hätte es mir verübelt. Aber die Umstände waren nun einmal nicht normal, und so reagierte ich mit höchster Entrüstung. Wütend wandte ich den Wölfen den Rücken zu und knöpfte mit vor Ärger zitternden Fingern meine Hose wieder zu. Sobald der Anstand, wenn vielleicht auch nicht gerade die Würde, wiederhergestellt war, wandte ich mich den Wölfen mit einer Heftigkeit zu, die sogar mich selbst überraschte.

«Was fällt euch eigentlich ein?» schrie ich die Tiere an. «Macht, daß ihr wegkommt!»

Die Wölfe waren verblüfft, sprangen auf, sahen einander fragend an und trotteten dann davon, liefen einen Hang hinab und verschwanden in Richtung auf den Sandhügel. Sie sahen sich kein einziges Mal um.

Nachdem sie verschwunden waren, überkam mich ein ganz anderes Gefühl. Der Gedanke, daß die Wölfe wer weiß wie lange auf Sprungentfernung hinter meinem ungeschützten Rücken gesessen hatten, regte mich so auf, daß ich völlig vergaß, das zu tun, worin mich der Anblick der Wölfe gestört hatte. Dadurch wurde ich von seelischen wie von körperlichen Beschwerden gequält, als ich meine Ausrüstung zusammenpackte und der Hütte zustrebte.

An diesem Abend waren meine Gedanken recht wirr. Gewiß, mein Gebet war erhört worden, und die Wölfe hatten bereitwillig mitgearbeitet, indem sie wieder aufgetaucht waren; andererseits aber meldete sich in mir ein leise nagender Zweifel, *wer* hier eigentlich *wen* beobachtete. Wegen meiner selbstverständlichen Überlegenheit als Angehöriger der Art des *Homo sapiens* und wegen meiner wissenschaftlichen Ausrüstung hatte ich mich bisher stolz überlegen gefühlt. Der schleichende Verdacht, dieser Stolz sei verletzt worden und tatsächlich sei *ich* hier eigentlich der Beobachtete, kränkte mein Selbstgefühl.

Um meine Vorherrschaft ein für allemal wiederherzustellen, beschloß ich, am nächsten Morgen diesmal die Wolfshöhle selbst aufzusuchen und sie genau zu untersuchen. Ich wollte das Kanu benutzen, denn die Flußläufe waren jetzt eisfrei, und die letzten Schollen auf dem See wurden von einem starken Nordwind vom Strand weggeschoben.

Die Fahrt zur Wolfshöhlenbucht, wie ich sie jetzt genannt hatte, war sehr angenehm. Der alljährliche Frühlingszug der Karibus aus den Waldgebieten von Manitoba zu fernen Tundragebieten beim

Dubawnt Lake war unterwegs, und von meinem Kanu aus, konnte ich beobachten, wie zahllose Karibus überall die Moore und Hügel durchstreiften. Als ich mich dem Sandhügel näherte, war kein Wolf zu sehen, und ich nahm an, die Tiere wären unterwegs, um sich ein Karibu zum Mittagessen zu besorgen.

Ich zog das Kanu auf den Strand und kletterte dann, mit Kameras, Gewehren, Ferngläsern und anderer Ausrüstung schrecklich beladen, den rutschenden Sand hinauf bis zu der schattigen Stelle, an der ich die Wölfin hatte verschwinden sehen. Unterwegs fand ich zahllose Hinweise darauf, daß diese Höhle das Heim, zumindest aber ein beliebter Aufenthaltsort der Wölfe sein mußte. Die Wolfsspuren hatten an manchen Stellen ganz deutliche Pfade in den Sand gegraben.

Die Wolfshöhle lag in einem kleinen Einschnitt im Hügel und war so gut getarnt, daß ich fast daran vorbeigelaufen wäre, ohne sie zu sehen. Doch ein fiependes Winseln weckte meine Aufmerksamkeit. Ich blieb stehen und sah mich um, und kaum fünfzehn Meter von mir entfernt waren vier kleine, graue Bestien in einen Ringkampf alle gegen alle verwickelt.

Zuerst erkannte ich die Tiere gar nicht als das, was sie wirklich waren; die Fuchsgesichter mit den nadelspitzen Ohren, die Bäuche, kugelrund wie kleine Kürbisse, die kurzen, krummen Beine und die schmächtigen, aufgerichteten und eifrig mitspielenden Schwänzchen waren so weit von meiner Wolfsvorstellung entfernt, daß mein Hirn sich weigerte, eine logische Verbindung herzustellen.

Plötzlich witterte mich einer der Welpen. Er unterbrach seinen Versuch, einem Bruder den Schwanz abzubeißen, und wandte mir die rauchig blauen Augen zu. Was er sah, beunruhigte ihn offenbar. Er löste sich aus dem Gewühl, kam mit rollenden Bewegungen auf mich zugestolpert, doch dann biß ihn unerwartet eine Fliege, ehe er noch weit gekommen war, und er mußte sich erst einmal setzen, um sich zu kratzen.

In diesem Augenblick ließ der erwachsene Wolf ein lautes Heulen hören, aus dem deutlich Besorgnis und Warnung klangen, und dieser heulende Wolf war keine fünfzig Meter von mir entfernt.

Die idyllische Szene wurde sehr lebendig.

Die Wolfswelpen verwandelten sich in graue Striche, die blitzschnell in der dunklen Höhlenöffnung verschwanden. Ich fuhr herum und wandte mich dem ausgewachsenen Wolf zu, verlor den Halt und rollte den Hang hinunter auf die Höhle zu. Bei dem Versuch, ein wenig Halt zu finden, drückte ich die Mündung meiner Jagdbüchse tief in den Sand, und dort blieb sie stecken, bis der Tragriemen sie wieder freiriß, während ich weiterrutschte. Ich tastete aufgeregt nach meinem Revolver, doch ich war so sehr mit Kameras und Tragriemen überladen, daß ich die Waffe nicht ziehen konnte, während ich, von einer wachsenden Sandlawine begleitet, an der Höhle vorbeiglitt und weiterrollte, bis ich den Fuß des Hügels erreicht hatte. Erstaunlicherweise brach ich mir kein Bein, aber meine Wirbelsäule fühlte sich an, als hätte sie mir die Behandlung der letzten Sekunden verübelt.

Es muß ein recht hübsches Bild gewesen sein. Als ich mich wieder aufgerappelt hatte und den Hügel hinaufsah, standen dort oben drei erwachsene Wölfe nebeneinander wie Zuschauer in der königlichen Loge, und alle schauten mit ungläubigen Entzücken auf mich herunter.

Ich fuhr aus der Haut. Das tut ein Wissenschaftler zwar sehr selten, aber ich tat es. In den letzten Tagen war meine Würde allzu heftig verletzt worden, und mein kühler, wissenschaftlicher Abstand von den Dingen war dieser Belastung nicht mehr gewachsen. Mit einem Wutlaut hob ich die Büchse, doch zum Glück war der Lauf derart voller Sand, daß nichts geschah, als ich abdrückte. Nicht einmal ein «Klack» war zu hören.

Die Wölfe schienen durchaus nicht erschrocken zu sein, bis sie sahen, daß ich in hilfloser Wut auf und ab sprang, die nutzlose Büchse schwang und ihnen fürchterliche Kränkungen in die gespitzten Ohren brüllte. Daraufhin wechselten sie erstaunte Blicke und zogen sich gemächlich aus meinem Blickfeld zurück.

Ich zog mich ebenfalls zurück, denn ich war nicht in dem inneren Zustand, in dem man wissenschaftlich arbeiten kann. Um die Wahrheit zu sagen, ich war in einem Zustand, in dem ich gar nichts mehr tun konnte, abgesehen davon, daß ich zurück in Mikes Hütte lief und dort bei einer Flasche Wolfssaft Trost suchte und meine verletzte Eitelkeit heilte.

An jenem Abend hielt ich eine sehr lange und heilsame Sitzung mit diesem Stoff, und da meine seelischen Beulen unter der wohltuenden Wirkung dieses Getränks weniger schmerzten, überdachte ich noch einmal, was sich in den letzten Tagen abgespielt hatte. Dabei mußte sich unausweichlich meinem von Vorurteilen belasteten Geist die Erkenntnis aufdrängen, daß die bisherige menschliche Vorstellung vom Charakter der Wölfe eine erkennbare Lüge war. Innerhalb von noch nicht einmal einer Woche war ich dreimal der Gnade dieser «schrecklichen Mörder» ausgeliefert gewesen, doch sie hatten sich keineswegs auf mich gestürzt, um mir die Glieder vom Leib zu reißen, sondern hatten eine an Verachtung grenzende Zurückhaltung bewiesen, und das sogar dann noch, als ich mich unmittelbar bei ihrer Höhle aufgehalten und scheinbar ihre Welpen bedroht hatte.

Das alles war zwar offensichtlich, doch noch weigerte ich mich, meine mitgebrachte Vorstellung einfach aufzugeben. Dieses Widerstreben war sicherlich zum Teil darauf zurückzuführen, daß ich fürchtete, wissenschaftlichen Verrat zu begehen, wenn ich die überkommenen Vorstellungen vom Wesen des Wolfes einfach verwarf. Zum anderen Teil lag es daran, daß ich fühlte, wie sehr mein Forschungsauftrag den Anschein der Gefahr und damit einen Teil des Ruhmes verlor, wenn ich die Wahrheit dessen anerkannte, was ich erlebt hatte. Und nicht zuletzt weigerte ich mich, meine Vorurteile aufzugeben, weil ich das Gefühl hatte, ich hätte mich nun bereits mehrfach sehr lächerlich gemacht, und zwar nicht vor meinen Mitmenschen, sondern vor diesen wilden Tieren.

Aber ich blieb beharrlich.

Als ich am Morgen nach dieser langen Sitzung mit dem Wolfssaft aufstand, fühlte ich mich zwar körperlich ein wenig mitgenommen, dafür aber seelisch bereichert und gereinigt. Ich hatte mit meinen Teufeln gerungen und gesiegt. Mein Entschluß war gefaßt: Von diesem Tag an wollte ich mit offenen Sinnen in die Welt der Wölfe eindringen, und ich wollte endlich lernen, die Wölfe nicht so zu sehen, wie sie angeblich sein sollten, sondern so, wie sie tatsächlich waren.

8. DAS REVIER WIRD ABGESTECKT

In den nächsten Wochen setzte ich meinen Beschluß mit jener Gründlichkeit in die Tat um, die man mir schon immer nachgerühmt hat. Ich zog völlig zu den Wölfen. Zunächst einmal richtete ich mir in der Nähe ihrer Wohnung eine eigene Höhle ein, und zwar so nahe, wie ich nur konnte, ohne den Ablauf ihres alltäglichen Lebens allzusehr zu stören. Schließlich war ich ein Fremder und obendrein kein Wolf, und so hatte ich das Gefühl, es wäre wohl besser, wenn ich nicht zu schnell zu weit ginge.

Mikes Hütte gab ich leichten Herzens auf, denn mit zunehmender Wärme verstärkte sich auch ihr spezielles Aroma. Ich schlug ein kleines Zelt am Ufer der Bucht genau gegenüber dem Hang mit der Wolfshöhle auf. Meine Campingausrüstung beschränkte sich auf das Unerläßliche – einen kleinen Campingkocher, einen Kochtopf, einen Teekessel und einen Schlafsack. Waffen nahm ich nicht mit, wenn ich diese Unterlassung auch bisweilen vorübergehend bedauern sollte. Das große Teleskop stellte ich am Zelteingang so auf, daß ich die Wolfshöhle Tag und Nacht beobachten konnte, ohne auch nur meinen Schlafsack zu verlassen. In den ersten Tagen meiner Nachbarschaft mit den Wölfen blieb ich fast immer im Zelt, abgesehen von einigen wenigen kurzen Besuchen in der Außenwelt, die nun einmal unerläßlich waren und die ich immer dann erledigte, wenn kein Wolf in Sicht war. Daß ich mich so verborgen hielt, sollte dazu beitragen, daß die Wölfe sich an mein Zelt als an einen bloßen zusätzlichen Buckel in dem ohnehin buckligen Gelände gewöhnten. Später, als die Moskitobevölkerung ihre Höchstzahl erreicht hatte, blieb ich praktisch immer im Zelt, falls nicht gerade ein starker Wind wehte. Die blutrünstigsten

Geschöpfe in der Arktis sind nämlich nicht die Wölfe, sondern die unersättlichen Moskitos.

Meine Vorkehrungen, die doch dafür sorgen sollten, daß die Wölfe nicht gestört wurden, waren völlig überflüssig. Ich hatte eine Woche gebraucht, um sie richtig einzuschätzen; sie hatten sich hingegen schon bei der ersten Begegnung ein hinreichendes Bild von mir gemacht. Wenn sie mich auch nicht gerade mit großer Freude bei sich zu sehen schienen, brachten sie es doch bald fertig, meine Anwesenheit geflissentlich zu übersehen, und das mit einer Selbstverständlichkeit, die ich als wenig schmeichelhaft empfand.

Zufällig hatte ich mein Zelt nur zehn Meter von einem Pfad aufgeschlagen, den die Wölfe meistens benutzten, wenn sie zu ihren im Westen gelegenen Jagdgründen aufbrachen oder von dort zurückkehrten. Nur wenige Stunden, nachdem ich meine neue Wohnung aufgeschlagen hatte, kam ein Wolf von einem Ausflug zurück und entdeckte mich und mein Zelt. Er hatte eine schwere Nachtarbeit hinter sich und war offensichtlich müde und wollte nach Hause und ins Bett. Fünfzig Meter von mir entfernt kam er mit gesenktem Kopf über eine Anhöhe. Er hatte die Augen geschlossen und wirkte nachdenklich. Dieser Wolf war durchaus nicht das überaus empfindsame und mißtrauische Tier, das man aus Geschichten kennt, sondern er trottete in seine Gedanken versunken weiter, bis er nur noch fünfzehn Meter von mir entfernt war, und er hätte leicht an dem Zelt vorbeigehen können, ohne es überhaupt zu bemerken. In diesem Augenblick stieß ich aber mit dem Ellbogen gegen den Teekessel, daß er heftig schepperte. Der Wolf hob den Kopf und riß die Augen auf, doch er blieb nicht stehen, und sein Schritt veränderte sich nicht. Er verschwendete nur einen herablassenden Seitenblick an mich, während er vorüberging.

Nun wollte ich ja in der Tat möglichst wenig Verdacht erregen, doch andererseits war ich ein wenig beleidigt, weil ich so völlig mißachtet wurde. Gleichwohl schlenderten in den folgenden Wochen fast jede Nacht die Wölfe an meinem Zelt vorbei, ohne es auch nur eines Blickes zu würdigen, abgesehen von einem Mal.

Zu dieser Zeit hatte ich schon sehr viel mehr über meine wölfischen Nachbarn erfahren, und eine der Tatsachen, die ich erkannt hatte, war, daß sie durchaus keine herumstreunenden Räuber waren, wie immer behauptet wurde, sondern sehr seßhafte Tiere mit einem weiträumigen Besitz, der eindeutig umgrenzt war.

Das Territorium, das meiner Wolfsfamilie gehörte, umfaßte rund 150 Quadratkilometer. Es wurde auf der einen Seite vom Fluß begrenzt, doch waren ihm nach allen Richtungen keinerlei geographische Schranken gesetzt. Trotzdem gab es sehr deutliche Grenzen, die eben auf Wolfsart gekennzeichnet waren.

Wer jemals einen Hund beobachtet hat, der seine Runde durch die Nachbarschaft zurücklegt und sein persönliches Kennzeichen an jeder geeigneten Stelle zurückläßt, wird bereits ahnen, wie die Wölfe ihre Grenze kennzeichneten. Ungefähr einmal in der Woche umkreiste die gesamte Familie das Besitztum und erneuerte die Grenzmarken. Diese sorgfältige Wahrung der Besitzrechte war vielleicht notwendig, weil es zwei weitere Wolfsfamilien in der Nähe gab, deren Besitztümer an das unsere grenzten, obgleich ich niemals auch nur das geringste Anzeichen für Grenzstreitigkeiten zwischen den Besitzern der benachbarten Ländereien feststellen konnte. Deshalb nehme ich an, daß diese Grenzbegehungen eher ritueller Art waren.

Jedenfalls brachte mich meine Erkenntnis vom ausgeprägten Besitzgefühl der Wölfe darauf, wie ich sie dazu bringen konnte, endlich von meiner Anwesenheit Notiz zu nehmen. Eines Abends, nachdem die Wölfe zu ihrer üblichen Nachtjagd aufgebrochen waren, grenzte ich ein eigenes Besitztum von ungefähr drei Morgen Größe ab. In der Mitte stand mein Zelt, und quer durch das von mir eingegrenzte Gebiet führten etwa hundert Meter des ausgetretenen Wolfspfads.

Die Kennzeichnung meiner Grenzen erwies sich als viel schwieriger, als ich erwartet hatte. Um sicherzugehen, daß man meine Grenzen nicht übersah, hielt ich es für notwendig, auf Steinen, Moosklumpen und Pflanzen im Abstand von nicht mehr als fünf Metern rings um mein Gebiet meine Zeichen zu hinterlassen. Das dauerte die ganze Nacht, und ich mußte immer wieder in das Zelt zurückkehren und unglaubliche Mengen von Tee zu mir nehmen. Doch ehe das Morgengrauen die Jäger zurückbrachte, war die Arbeit getan, und ich zog mich ein wenig erschöpft zurück, um die Folgen zu beobachten.

Ich brauchte nicht lange zu warten. Meinem Wolfstagebuch zufolge tauchte der Leitwolf um 8 Uhr 15 auf dem Hügel hinter meinem Zelt auf und trottete mit dem üblichen gedankenverlorenen Gesichtsausdruck heimwärts. Wie immer ließ er sich nicht dazu herab, mein Zelt auch nur eines Blickes zu würdigen. Als er jedoch die Stelle erreicht hatte, an der meine frischgelegte Besitztumsgrenze den Wolfspfad kreuzte, blieb er so plötzlich stehen, als wäre er gegen eine unsichtbare Mauer gelaufen. Er war nur fünfzig Meter entfernt, und durch das Fernglas konnte ich seinen Gesichtsausdruck sehr deutlich beobachten.

Die Müdigkeit in seinem Gesicht wurde von Staunen abgelöst. Vorsichtig reckte er die Nase und schnüffelte an dem von mir gekennzeichneten Busch. Er schien nicht recht zu wissen, was er daraus machen und was er nun unternehmen sollte. Nach einer Minute völliger Unentschlossenheit zog er sich ein paar Meter zurück und setzte sich. Und dann endlich betrachtete er aufmerksam mich und mein Zelt. Es war ein sehr langer, nachdenklicher, gleichsam abwägender Blick.

Nachdem ich nun mein eigentliches Ziel erreicht und die Aufmerksamkeit wenigstens eines Wolfes auf mich gelenkt hatte, fragte ich mich, ob ich nicht vielleicht ein ungeschriebenes Wolfsgesetz verletzt hätte und nun dafür zahlen müßte. Allmählich bedauerte ich, daß ich keine Waffe mitgebracht hatte, da der auf mich gerichtete Blick immer länger, immer nachdenklicher und zugleich immer aufmerksamer wurde.

Ich wurde immer unruhiger. Noch nie hatte ich dieses Spiel leiden mögen, bei dem einer dem anderen in die Augen starrt und derjenige Verlierer ist, der den Blick zuerst abwenden muß. Und jetzt hatte ich es mit einem wahren Meister in diesem Spiel zu tun, dessen gelber Blick immer fester zu werden schien, je mehr ich mich bemühte, ihm standzuhalten.

Die Spannung wurde unerträglich. Um sie zu brechen, räusperte ich mich laut und wandte dem Wolf den Rücken zu, wenn auch nur für eine Zehntelsekunde. Damit wollte ich ihm so deutlich wie möglich zu verstehen geben, daß ich sein beständiges Starren als unhöflich, wenn nicht gar als beleidigend empfand.

Er schien diesen Hinweis durchaus zu verstehen, stand auf, schnüffelte nochmals an meiner Markierung und schien dann seinen Entschluß zu fassen. Schnell und entschlossen wandte er seine Aufmerksamkeit von mir ab und ging daran, das ganze Gebiet zu umkreisen, das ich für mich gefordert hatte. An jeder meiner Markierungen schnüffelte er ein- oder zweimal, bevor er seine eigene Markierung an der Außenseite des Steins oder des Grasbüschels hinterließ. Beim Zusehen merkte ich, was ich in meiner Unerfahrenheit falsch gemacht hatte. Ihm gelang es, die ganze Runde ununterbrochen zurückzulegen, ohne ein einziges Mal nachtanken zu müssen.

Nach getaner Pflicht – und ihn hatte die Mühe knapp fünfzehn Minuten gekostet – kehrte er auf den Wolfspfad an dem Punkt zurück, der mein Gebiet verließ, und trottete heimwärts. Ich blieb wieder allein zurück und hatte genug Stoff zum Nachdenken.

9. DER GUTE ONKEL ALBERT

Nachdem meine kleine Enklave in ihrem Gebiet deutlich abgegrenzt und von den Wölfen selbst bestätigt war, wurde sie von ihnen streng geachtet. Niemals mehr betrat ein Wolf mein Gebiet. Manchmal blieb eines der Tiere an der Grenze stehen und frischte die Kennzeichen an der äußeren Grenzseite auf, und ich wollte die Spielregeln einhalten und tat mein Bestes, dasselbe auf meiner Seite der Grenze ebenfalls zu tun. Alle Zweifel, die ich bisher vielleicht noch wegen meiner persönlichen Sicherheit gehegt haben mochte, lösten sich auf, und ich konnte nun meine ungeteilte Aufmerksamkeit dem Studium der Tiere zuwenden.

Sehr schnell merkte ich, daß sie ein sehr geregeltes Leben führten, obwohl sie sich nicht zu Sklaven einer genauen Zeiteinteilung erniedrigten. Am frühen Abend gingen die Rüden an die Arbeit. Manchmal brachen sie schon um vier Uhr auf, manchmal bummelten sie auch bis sechs oder sieben Uhr, aber früher oder später gingen sie unbedingt auf Nachtjagd. Dabei legten sie große Strecken zurück, blieben jedoch, soweit ich es feststellen konnte, stets innerhalb der Grenzen ihres Familienbesitzes. Ich schätzte, daß sie während einer normalen Jagd vierzig bis sechzig Kilometer zurücklegten. In schweren Zeiten brachten sie es vermutlich auf noch größere Strecken, denn gelegentlich kamen sie nicht in der Morgendämmerung, sondern erst am Nachmittag zurück. Während der restlichen Tagesstunden schliefen sie, wenn auch auf ihre eigene Wolfsart. Die bestand darin, daß sie sich jeweils zu kurzen Nickerchen von fünf oder zehn Minuten Dauer zusammenkringelten. Dann sahen sie sich gründlich um, drehten sich zwei- oder dreimal um die eigene Achse und schliefen wieder ein.

Die weiblichen Tiere und die Welpen waren mehr auf den Tag als auf die Nacht eingestellt. Sobald die Rüden am Abend verschwunden waren, ging die Wölfin zumeist sofort in ihre Höhle und blieb dort. Nur gelegentlich tauchte sie nochmals auf, um ein wenig Luft zu schnappen oder um sich einen Leckerbissen aus dem Fleischlager zu holen.

Dieses Fleischlager verdient besondere Erwähnung. Niemals wurde Nahrung in unmittelbarer Nähe der Höhle aufbewahrt oder zurückgelassen, und es wurde immer nur genug für den sofortigen Verbrauch herbeigeschafft. Jeder Überschuß von einer Jagd wurde zum Fleischlager getragen, das zwischen einer Reihe von Felsen fast einen Kilometer von der Höhle entfernt lag.

Dieser Vorrat diente vor allem der säugenden Wölfin, die verständlicherweise die Rüden nicht auf langen Jagdausflügen begleiten konnte.

Der Fleischvorrat wurde auch widerrechtlicherweise von einem Fuchspaar benutzt, das ganz in der Nähe seinen Bau hatte. Die Wölfe mußten wissen, wo sich dieser Fuchsbau befand, und wahrscheinlich war ihnen auch klar, daß ihnen eine gewisse Menge ihres Vorrats gestohlen wurde, doch sie unternahmen nichts dagegen, obwohl es ihnen ein leichtes gewesen wäre, den Fuchsbau aufzugraben und den Wurf von vier jungen Füchsen zu vernichten. Die Füchse schienen sich vor den Wölfen nicht zu fürchten. Mehrmals sah ich einen von ihnen nur meterweit an der Wolfshöhle vorbeiflitzen, und niemals erweckte er dadurch irgendeine Reaktion seitens der Wölfe.

Später war ich überzeugt, daß ziemlich alle Wolfsbauten dieser Gegend aufgegebene Fuchslöcher sein mußten, die von den Wölfen lediglich erweitert und in Besitz genommen worden waren. Es ist möglich, daß diese Nützlichkeit der Füchse als Bauarbeiter ihnen Unverletzlichkeit sicherte, wahrscheinlicher ist allerdings, daß die Toleranz der Wölfe lediglich Ausdruck ihrer allgemeinen Liebenswürdigkeit war.

Tagsüber, während die Rüden es sich bequem machten, erfüllte die Wölfin sehr emsig ihre Haushaltspflichten. Immer wieder tauchte sie aus der Enge der Höhle auf, und auch die Welpen wurden sehr aktiv, bis sie völlig erschöpft waren. So gab es eigentlich zu jeder Tageszeit ein unaufhörliches Kommen und Gehen, oder ich konnte doch zumindest irgend etwas erwarten, was mich an mein Teleskop fesselte.

Nach zwei Tagen und Nächten fast unausgesetzten Beobachtens hatte ich fast die Grenze meiner Ausdauer erreicht. Es war eine schwierige Situation. Ich wagte nicht zu schlafen, weil ich fürchtete, ich könnte etwas Wichtiges verpassen. Andererseits wurde ich so müde, daß ich bisweilen doppelt, wenn nicht gar dreifach sah. Das konnte freilich auch auf die Mengen an Wolfssaft zurückzuführen sein, die ich trank, um wach zu bleiben.

Ich sah ein, daß etwas Drastisches getan werden mußte, wenn nicht mein ganzes Studienprogramm zusammenbrechen sollte. Mir fiel nur nichts Geeignetes ein, bis ich endlich, als ich einen Wolf beim friedlichen Schlaf neben seiner Höhle zusah, die Lösung für mein Problem fand. Ich brauchte nur zu lernen, genau wie ein Wolf zu schlafen.

Ich brauchte einige Zeit, bis ich den Trick heraus hatte. Zunächst versuchte ich, die Augen zu schließen und fünf Minuten später wieder aufzuwachen, doch es ging nicht. Nach den ersten zwei oder drei kurzen Nickerchen wachte ich erst wieder auf, nachdem mehrere Stunden vergangen waren.

Der Fehler lag bei mir, denn ich hatte die Verhaltensweise eines schlafenden Wolfes nicht in allen Einzelheiten nachgeahmt, und allmählich fand ich heraus, daß es für den Erfolg äußerst wichtig war, daß ich mich zusammenkringelte und nach jedem Nickerchen ein wenig kreiselte. Warum das so ist, weiß ich nicht. Vielleicht regt die Veränderung der Körperlage den Blutkreislauf an. Eines weiß ich aber bestimmt: Eine Serie von kurzen Wolfsnickerchen ist weit stärkender und erfrischender als ein sieben- oder achtstündiger bewußtloser Schlaf, wie er dem menschlichen Ruhebedürfnis entspricht. Ich jedenfalls fühlte mich danach stets wie neugeboren.

Unglücklicherweise läßt das Wolfsnickerchen sich nicht leicht in unsere menschliche Gesellschaft einführen. Das merkte ich sehr deutlich, als eine junge Dame, in die ich damals verliebt war, schon bald nach meiner Rückkehr in die Zivilisation jede Gemeinschaft mit mir aufgab. Lieber wollte sie, wie sie aufgebracht erklärte, ihr künftiges Leben mit einem Grashüpfer teilen, der den Schluckauf hätte, als auch nur noch eine einzige Nacht mit mir im Bett zu verbringen.

Je mehr ich mich auf ihr Familienleben einstellte, desto schwerer fiel es mir, eine ganz unpersönliche Beziehung zu den Wölfen zu unterhalten. Sosehr ich mich auch bemühte, sie mit wissenschaftlicher Objektivität zu betrachten, konnte ich dem Eindruck ihrer ganz verschiedenartigen Persönlichkeiten doch nicht entgehen. Weil er mich sehr an einen vornehmen Herrn erinnerte, dem ich im Krieg als einfacher Soldat gedient hatte, nannte ich den Vater der Wolfsfamilie George, obwohl er in meinen Aufzeichnungen sehr nüchtern als «Wolf A» bezeichnet wird.

George war ein schweres, prächtiges Tier mit silberweißem Fell. Er war ungefähr ein Drittel größer als seine Gefährtin, hätte aber dieser körperlichen Überlegenheit gar nicht bedurft, um seine Stellung als Familienoberhaupt zu unterstreichen. Georges Würde war unantastbar, doch er wirkte durchaus nicht hochmütig. Mit seinem Verständnis für Fehler, seiner Rücksicht auf andere und seiner sich in vernünftigen Grenzen haltenden Zärtlichkeit war er genau der Vater, dessen idealisiertes Bild immer wieder in Familiengeschichten auftaucht, der aber in Wirklichkeit nur selten auf zwei Beinen über die Erde geschritten ist. Kurz: George war genau der Vater, den jeder Sohn sich wünscht.

Auch seine Frau war beachtlich. Eine schlanke, fast weiße Wölfin mit einer dichten Halskrause und weit auseinanderstehenden, leicht geschlitzten Augen. Wunderschön, lebhaft, in einem gewissen Grade leidenschaftlich und voller Teufeleien, wenn sie in der Laune dazu war, sah sie kaum sonderlich mütterlich aus, doch eine bessere Mutter hätte man nirgends finden können. Nach einiger Zeit entdeckte ich, daß ich sie Angeline nannte, obwohl ich in den düsteren Tiefen meines Unterbewußtseins keine Quelle für diesen Namen fand. Ich respektierte und mochte George sehr, doch von Angeline war ich förmlich begeistert und hoffe noch heute, daß ich einmal eine Frau finde, die alle ihre Tugenden in sich vereint.

Angeline und George schienen ein so gutes Ehepaar zu sein, wie man es sich nur vorstellen kann. Soweit ich sehen konnte, stritten sie sich nie, und die Freude, mit der sie einander schon nach kurzer Trennung begrüßten, war ungeheuchelt. Sie waren sehr zärtlich zueinander, doch blieben die vielen Seiten, die ich in meinem Tagebuch für Eintragungen über das Sexualleben der Wölfe vorgesehen hatte, völlig weiß, soweit es Angeline und George betraf.

So enttäuschend es auch für meine Erwartungen war, mußte ich jedoch feststellen, daß körperliche Liebe bei einem Wolfspaar nur in einem Zeitraum von zwei oder drei Frühlingswochen eine Rolle spielt, für gewöhnlich im März. Im zweiten Lebensjahr finden die Wölfinnen einen Gefährten, doch anders als Hunde, die viele Gewohnheiten von ihren zweibeinigen Gefährten übernommen haben, schließen sich Wölfinnen nur mit einem einzigen Rüden zusammen, und diese Bindung gilt dann für das ganze Leben.

Während bei den Menschen die Trauformel «bis daß der Tod euch scheide» oft reiner Hohn ist, drückt sie bei Wölfen eine eindeutige Tatsache aus. Wölfe sind strikte Anhänger der Einehe, und wenn ich das auch nicht notwendigerweise für bewundernswert halte, läßt diese Tatsache unsere bisherigen Meinungen vom Wolf doch recht fragwürdig erscheinen.

Zwar konnte ich nicht mit Sicherheit feststellen, wie lange George und Angeline schon zusammen waren, doch hörte ich später von Mike, daß sie schon seit mindestens fünf Jahren zusammen lebten. Im Vergleich zur mittleren Lebensdauer entspräche das 30 Menschenjahren. Für Mike und die Eskimos waren die Wölfe in ihrer Lebensumgebung vertraute Einzelwesen, und die Eskimos (nicht aber Mike) schätzten die Wölfe so sehr, daß sie niemals auf den Gedanken gekommen wären, einen von ihnen zu töten. So waren nicht nur George, Angeline und andere Mitglieder der Familie den Eskimos wohlbekannt, sondern man wußte auch, daß sich an diesem Sandhügel schon seit dreißig oder vierzig Jahren eine Wolfshöhle befand, in der manche Generation herangewachsen war.

Eine Tatsache an diesem Familienleben wunderte mich zunächst sehr. Beim ersten Besuch bei der Höhle hatte ich drei erwachsene Wölfe gesehen, und auch während der ersten Beobachtungstage hatte ich den überzähligen Wolf mehrmals erspäht. Er stellte mich vor ein Rätsel. Zwar konnte ich mir vorstellen, daß Wolf, Wölfin und ein Wurf Welpen ständig zusammen lebten, doch war ich noch nicht tief genug in die Wolfswelt eingedrungen, daß ich mir ein beständiges Dreiecksverhältnis hätte erklären können.

Wer immer dieser dritte Wolf auch sein mochte, ganz bestimmt war er ein fester Charakter. Er war kleiner als George, nicht so geschmeidig und stark, und über seinem sonst weißen Fell lag ein grauer Hauch. Nachdem ich ihn zum erstenmal mit den Welpen gesehen hatte, wurde er für mich «Onkel Albert».

Mein sechster Beobachtungsmorgen war sehr klar und sonnig, und Angeline und die Kleinen nützten das gute Wetter. Kaum war die Sonne um drei Uhr morgens aufgegangen, als alle die Höhle verließen und einen nahe gelegenen Sandhügel aufsuchten. Hier fielen dann die Welpen mit einer Begeisterung über ihre Mutter her, die jede menschliche Mutter bestimmt zur Verzweiflung gebracht hätte. Sie waren hungrig, doch sie steckten auch bis zu den spitzen Ohren voller Teufeleien. Zwei von ihnen gaben sich die größte Mühe, Angeline den Schwanz anzuknabbern. Sie stritten und kämpften darum, so daß erhebliche Teile ihres Fells schließlich wie Spinnweben durch die Gegend stoben. Gleichzeitig taten die anderen beiden alles, was in ihren Kräften stand, um ihrer Mutter die Ohren abzureißen.

Angeline ertrug das alles in edler Sanftmut ungefähr eine Stunde lang, dann sah sie sehr mitgenommen aus und schützte sich, indem sie sich auf ihren Schwanz setzte und den Kopf zwischen den Beinen versteckte. Es war ein fruchtloses Bemühen. Die Welpen griffen jetzt ihre Pfoten an. Jeder beschlagnahmte eine davon für sich, und ich sah zu, wie die arme Angeline versuchte, gleichzeitig die Ohren, den Schwanz und alle vier Pfoten zu verstecken.

Endlich gab sie es auf. Sie ertrug die Quälereien nicht länger, floh vor ihrer Brut und rettete sich auf den Sandhügel hinter der Höhle. Die vier Welpen nahmen fröhlich die Verfolgung auf, doch ehe sie ihre Mutter noch erreichten, stieß sie einen sehr seltsamen Schrei aus.

Die Frage, wie die Wölfe sich untereinander verständigten, sollte mich im Laufe der Zeit immer mehr beschäftigen. Damals freilich nahm ich noch an, daß umfangreiche Verständigungsmöglichkeiten unter Säugetieren, vom Menschen abgesehen, nicht vorhanden seien. Aus Angelines hohem, klagendem Aufschrei konnte ich zunächst gar nichts entnehmen. Immerhin meinte ich, einen so gequälten Ton zu hören, daß ihr sofort meine ganze Sympathie gehörte.

Mit dieser Anteilnahme stand ich nicht allein. Ehe die Welpen die Wölfin noch erreichen konnten, nahte der Retter.

Es war der dritte Wolf. Er hatte in einer flachen Sandmulde am Hang zur Bucht geschlafen. Ich hatte nicht gewußt, daß er sich dort aufhielt, bis ich ihn kommen sah. Er sprang auf, schüttelte sich und lief zur Höhle. Dabei schnitt er den Welpen den Weg ab, ehe sie noch den letzten Anstieg bis zu ihrer Mutter bewältigt hatten.

Ich sah gespannt zu, wie er mit einem kräftigen Ruck seiner Schulter den ersten Welpen umwarf, daß er hangabwärts auf die Höhle zurollte. Nachdem er so den Angriffsschwung gebrochen hatte, kniff er einem zweiten Welpen zart in das Hinterteil, und dann führte er den ganzen Verein wie ein Schäferhund auf das Gelände, das ich später als Spielplatz erkannte.

Nur zögernd lege ich Wölfen menschliche Worte in den Mund, doch die Wirkung dessen, was nun folgte war völlig klar. «Wenn ihr Kinder euch einmal richtig austoben wollt», könnte er gesagt haben, «dann bin ich euer Wolf!»

Und er war es. In der nächsten Stunde spielte er mit den Welpen mit aller Energie, die in ihm war, als wäre er selbst einer von ihnen. Die Spiele waren sehr vielfältig, und einige davon waren deutlich zu erkennen. Kriegen war das gebräuchlichste, und Onkel Albert war es immer, der vor den anderen fliehen mußte. Zwischen den Welpen herumtobend und unaufhörlich in Bewegung, verließ er nie das Gebiet des Spielplatzes, und zugleich trieb er die Kleinen zu einer so wilden Jagd an, daß sie endlich erschöpft aufgaben.

Albert betrachtete sie einige Zeit, warf dann einen Blick zu Angeline hinauf, die jetzt friedlich ausruhte. Dann warf er sich mitten unter die Welpen auf den Rücken und forderte sie zu einem Ringkampf heraus. Sie ließen sich nicht lange bitten. Einer nach dem anderen stürzte sich in den Kampf. Jetzt waren sie wirklich ganz bei der Sache, und kein Griff war verboten, zumindest nicht von seiten der Kleinen.

Einige von ihnen versuchten, ihm das Leben aus dem Fell zu schütteln, obwohl ihre kleinen Fänge noch nicht groß und stark genug waren, um auch nur seine Halskrause zu durchdringen. Ein Welpe drehte dem Onkel Albert in einem Anfall von kindlichem Sadismus den Rücken zu und schleuderte ihm mit den Hinterläufen eine Fuhre Sand ins Gesicht. Die anderen sprangen so hoch in die Luft, wie ihre krummen Beine es erlaubten, und landeten dann mit dumpfem Aufprall auf Onkel Alberts empfindlichem Bauch.

Und zwischen den Sprüngen versuchten sie, jeden schmerzhaften Körperteil mit ihren Zähnen zu erreichen.

Ich fing an, mich zu fragen, wie lange Onkel Albert das alles aushalten konnte. Offensichtlich konnte er sehr viel vertragen, denn erst als die Welpen völlig erschöpft waren und todmüde zu Boden sanken, stand er auf, sah sich vor, um keine der kleinen Gestalten zu treten, und befreite sich aus dem Knäuel. Aber selbst dann kehrte er noch nicht in die Bequemlichkeit seines eigenen Lagers zurück, die er doch nach einer anstrengenden Nachtjagd gewiß verdient hatte, sondern er legte sich an den Rand des Spielplatzes und begann seine Wolfsnickerchen. Alle paar Minuten prüfte er, ob die Welpen noch in Sicherheit und in Reichweite waren.

Seine tatsächliche Verwandtschaft mit den anderen war noch immer ungewiß. Für mich aber war er der «gute Onkel Albert» geworden und sollte es von nun an bleiben.

10. VON MÄUSEN UND WÖLFEN

Nach einigen Studienwochen schien ich noch so weit wie eh und je von der Lösung der wichtigen Frage entfernt zu sein, wovon die Wölfe eigentlich lebten. Das war für mich ein lebenswichtiges Problem, denn seine befriedigende Lösung war der eigentliche Grund meiner Expedition.

Karibus sind die einzigen großen Pflanzenfresser, die man in der arktischen Tundra in nennenswerter Zahl antrifft. Zwar waren sie einmal ebenso zahlreich wie die Büffel der großen Ebenen gewesen, doch ihre Anzahl hatte in den letzten drei oder vier Jahrzehnten vor meiner Expedition in geradezu katastrophaler Weise abgenommen. Nachrichten, die der Regierung von Jägern, Trappern und Händlern zugetragen wurden, schienen zu beweisen, daß die Abnahme der Karibus bis an die Grenze der Ausrottung vor allem auf den Blutdurst der Wölfe zurückzuführen sei. Deshalb hatten meine politischen und wissenschaftlichen Auftraggeber wohl als sicher vorausgesetzt, daß meine Forschungen zu Aussagen über die Beziehungen zwischen Wölfen und Karibus führen mußten, die es dann gestatten würden, den Wolf verfolgen zu lassen, wo immer man ihn antraf. Damit wäre dann ein hinreichender Vorwand für seine Ausrottung gefunden gewesen.

Ich tat meine Pflicht, doch obwohl ich fleißig nach Beweisen gesucht hatte, die meinen Auftraggebern gefallen konnten, hatte ich bisher keine gefunden. Es sah auch nicht danach aus, als ließen sich solche Beweise überhaupt finden.

Gegen Ende Juni war die letzte der wandernden Karibuherden an der Wolfshöhlenbucht vorüber nordwärts gezogen. Drei- oder vierhundert Kilometer entfernt, im Hochland der Tundra, verbrachten diese Tiere dann den Sommer.

Was immer meine Wölfe während dieser Zeit auch fraßen, womit auch immer sie ihre Welpen nähren mochten, Karibufleisch war es jedenfalls nicht, denn die Karibus waren fort. Was aber konnte es dann sein?

Ich überprüfte alle anderen Möglichkeiten, die mir einfielen, doch offensichtlich gab es keine Nahrungsquelle, die bedeutend genug war, um den Hunger von drei ausgewachsenen Wölfen und vier Jungwölfen zu stillen. Abgesehen von mir selbst (und dieser Gedanke meldete sich jetzt mehrmals) war kaum noch ein Tier in diesem Lande, das als angemessene Kost für einen Wolf betrachtet werden konnte. Arktische Hasen gab es zwar, doch sie waren selten und außerdem so flinkfüßig, daß ein Wolf schon sehr großes Glück haben mußte, wenn er einen von ihnen erwischen wollte. Vögel gab es zwar genug, doch sie konnten fliegen, und die Wölfe konnten es nicht. Fische füllten den See und die Flüsse, doch Wölfe sind keine Otter.

Die Tage vergingen, und das Geheimnis wurde immer rätselhafter. Alles wurde noch dadurch undurchdringlicher, daß die Wölfe einen durchaus wohlgenährten Eindruck machten, und meine Verblüffung wurde dadurch vollkommen, daß die beiden männlichen Wölfe Nacht für Nacht auf die Jagd gingen, aber niemals etwas heimzubringen schienen.

Soweit ich es beurteilen konnte, mußte die ganze Familie wohl von Luft und Wasser leben. Einmal ging ich, von meiner wachsenden Sorge für ihr Wohlergehen getrieben, zur Hütte zurück und backte fünf große Brote, die ich dann zur Wolfshöhlenbucht mitnahm und am Rande eines der Wolfspfade niederlegte. Meine Spende wurde zurückgewiesen, ja, man verhöhnte sie sogar. Vielleicht glaubte Onkel Albert, der sie entdeckte, auch, die Brote seien neue, von mir gesetzte Grenzzeichen und müßten folglich entsprechend behandelt werden.

Etwa um diese Zeit begann mein Ärger mit den Mäusen. Der gummiweiche Boden ringsum bot ideale Lebensbedingungen für einige Arten dieser kleinen Nager. In dem weichen Moos konnten sie nach Herzenslust graben und ihre Nester bauen.

Sie taten auch andere Dinge, und sie mußten sie wohl sehr häufig getan haben, denn als der Juni in den Juli überging, schien die ganze Umgebung von jungen Mäusen förmlich lebendig zu werden. Die häufigste Art waren die Lemminge, die in der Literatur für ihre seltsame Selbstmordneigung bekannt sind, die man aber eigentlich eher wegen ihrer geradezu unglaublichen Fortpflanzungsfähigkeit besingen sollte. Rotrückige Mäuse und gewöhnliche Feldmäuse drangen so zahlreich in Mikes Hütte ein, daß ich den Eindruck hatte, ich müßte bald Hunger leiden, falls es mir nicht gelang, ihren Appetit auf meine Vorräte zu zügeln. Sie verachteten mein Brot durchaus nicht. Nicht einmal mein Bett verachteten sie. Und als ich eines Morgens beim Aufwachen feststellte, daß eine Feldmaus während der Nacht im Kopfkissen meines Schlafsacks elf kleinen nackten Nachkömmlingen das Leben geschenkt hatte, begann ich zu verstehen, wie Pharao sich gefühlt haben mußte, nachdem er sich den Zorn des Gottes der Israeliten zugezogen hatte.

Vermutlich hatte ich mich zu ausschließlich auf die Wölfe konzentriert, wie sie nach allen überlieferten Meinungen zu sein hatten. Darum brauchte ich so lange, um darauf zu kommen, warum sie in einem so ausgezeichneten Zustand waren, obwohl es doch offenbar nirgends eine Beute gab, die ihres Appetits und ihrer großen Jägerfähigkeiten würdig gewesen wäre. Der Gedanke, daß Wölfe nicht nur gelegentlich Mäuse fraßen, sondern sogar ihre Jungen damit aufzogen, war so seltsam, daß ich ihn nicht ernsthaft erwog. Und doch war gerade das die Antwort auf die Frage, womit meine Wölfe eigentlich ihre Speisekammer gefüllt hielten.

Angeline wies mich darauf hin.

Eines Spätnachmittags, während die beiden Rüden sich noch für die nächtliche Arbeit ausruhten, kam sie aus der Höhle, und stupste Onkel Albert an, bis er gähnte, sich streckte und dann mühsam auf die Beine kam. Dann lief sie in einem schlanken Trab davon und überließ es Onkel Albert, die Welpen nach besten Kräften zu versorgen und zu unterhalten.

Daran war nichts Neues. Ich hatte oft genug gesehen, daß sie Onkel Albert (und in Ausnahmefällen sogar George) als Babysitter anstellte, während sie selbst sich einen Schluck Wasser aus dem See holte oder einfach einen Spaziergang unternahm, um sich die Beine zu vertreten. Für gewöhnlich führten ihre Wanderungen sie an die Stelle der Bucht, die von meinem Zelt am weitesten entfernt und hinter einem flachen Kieshügel verborgen war. Diesmal aber konnte ich sie genau sehen, und so richtete ich mein Teleskop ein und beobachtete sie.

Sie watete in den See, bis ihr das eiskalte Wasser bis zu den Schultern reichte, und trank sich satt. Während sie trank, flogen ein paar Enten in die Bucht ein und wasserten nur wenige hundert Meter von der Wölfin entfernt. Sie hob den Kopf, beobachtete sie für ein paar Augenblicke, watete dann zum Strand zurück und benahm sich dort so, als hätte sie gerade in diesem Augenblick den Verstand verloren.

Sie fiepte wie ein Welpe, jagte nach ihrem eigenen Schwanz und wälzte sich zwischen den Felsen, legte sich auf den Rücken, wedelte mit allen vier Pfoten durch die Luft und benahm sich überhaupt so, als wäre sie plötzlich kindisch geworden.

Ich richtete mein Glas auf Albert, der inmitten der Welpen saß, weil ich gern sehen wollte, ob er dieses verrückte Verhalten ebenfalls beobachtet hatte und wie er darauf reagierte. Er hatte es wohl gesehen und beobachtete Angeline sogar sehr aufmerksam, schien aber durchaus nicht besorgt zu sein.

Inzwischen schien Angeline völlig in einen Wahnsinnsanfall hineingeraten zu sein, sie sprang wild in die Luft, schnappte ins Leere und gab dabei immer wieder schrille Schreie von sich. Es war ein erschreckender Anblick, und ich merkte, daß Onkel Albert und ich nicht die einzigen gespannten Zuschauer waren. Die Enten schienen vor Neugier wie hypnotisiert zu sein. Sie kamen näher zur Küste geschwommen, damit sie das Schauspiel besser verfolgen konnten. Immer näher und näher kamen sie mit gereckten Hälsen und schnatterten ungläubig untereinander. Und je näher sie kamen, desto verrückter wurde Angelines Verhalten.

Als die Leitente nur noch fünf Meter vom Ufer entfernt war, sprang Angeline mit einem gewaltigen Satz darauf zu. Es entstand ein wildes Geplätscher und Flügelschlagen, und alle Enten waren auf und davon. Angeline hatte um Zentimeter ein gutes Mittagessen verpaßt.

Dieser Vorgang öffnete mir die Augen, denn er deutete auf eine Art der Futterbeschaffung hin, die ich kaum einem menschlichen Wesen zugetraut hätte, noch viel weniger aber einem Wolf. Angeline zeigte jedoch bald, daß das Überlisten von Enten lediglich eine Nebenbeschäftigung war.

Nachdem sie sich kräftig schüttelnd getrocknet hatte, wobei sie vorübergehend von einem Schleier blauer Tropfen umschwirrt war, kam sie über das grasige Land zurück. Jetzt aber bewegte sie sich ganz anders als zuvor auf dem Weg zur Bucht.

Angeline war schmal gebaut, jetzt aber reckte sie sich so, daß sie förmlich auf Zehenspitzen zu gehen schien, und da sie zugleich ihren Hals wie ein Kamel reckte, schien sie um mehrere Zentimeter gewachsen zu sein. Unendlich langsam ging sie gegen den Wind voran, und ich hatte den Eindruck, sie hielt beide Ohren gespitzt, um das leiseste Geräusch wahrzunehmen, und ihre Nase schien die Luft nach lockenden Gerüchen zu durchschnuppern.

Plötzlich sprang sie. Erst hob sie sich auf die Hinterbeine wie ein Pferd, das seinen Reiter abwerfen will, dann fuhr sie mit großer Kraft wieder abwärts, beide Vorderpfoten steif ausgestreckt. Ihr Kopf senkte sich, sie biß zu, schluckte und setzte gleich darauf ihren seltsamen Ballettanz fort. Sechsmal in zehn Minuten wiederholte sie den steifbeinigen Sprung, sechsmal schluckte sie. Ich aber hatte nicht sehen können, was sie dort fraß. Beim siebenten Mal verfehlte sie ihr Ziel, fuhr herum und biß wütend in ein Grasbüschel. Als sie diesmal den Kopf hob, sah ich ganz unverkennbar Schwanz und Hinterteil einer Maus zwischen ihren Fängen. Ein Schlucken, und auch dieser Rest war verschwunden.

Obwohl mich der Anblick eines der gefürchtetesten Fleischfresser der Welt, der hier Mäuse jagte, sehr unterhielt, nahm ich ihn nicht sehr ernst. Ich meinte, Angeline triebe nur einen Spaß und verschaffte sich einen kleinen Imbiß. Als sie aber 23 Mäuse verzehrt hatte, fing ich an, mich zu wundern. Mäuse sind zwar klein, doch 23 von ihnen ergeben selbst für einen Wolf eine recht ausgiebige Mahlzeit.

Erst später, als ich zwei und zwei zusammenzählte, konnte ich mich selbst dazu bringen, das Offensichtliche als Tatsache anzuerkennen. Die Wölfe der Wolfshöhlenbucht und somit wahrscheinlich alle Wölfe, die außerhalb des Sommergebiets der Karibus eine Familie ernährten, lebten weitgehend, wenn nicht fast ausschließlich von Mäusen.

Nur ein Punkt blieb noch unklar. Wie brachten sie die Beute einer Nachtjagd, die doch eine erhebliche Zahl der kleinen Tiere umfassen mußte, in die Höhle zurück, um ihre Jungen damit zu füttern? Dieses Problem konnte ich nicht lösen, ehe ich nicht einige von

Mikes Verwandten kennenlernte. Einer von ihnen, ein ganz reizender Bursche namens Ootek, der mein bester Freund wurde und ein zwar ungeschulter, aber natürlich begabter Naturwissenschaftler war, löste das Geheimnis für mich.

Da es den Wölfen nicht möglich war, die Mäuse äußerlich heimzutragen, taten sie das zweitbeste und trugen sie in ihren Bäuchen heimwärts. Ich hatte bereits bemerkt, daß Onkel Albert und George nach jeder Heimkehr von der Jagd sofort in der Höhle verschwanden. Dort gaben sie – was ich damals noch nicht ahnte – die bereits teilweise verdaute Tagesbeute wieder von sich.

Später, im Laufe des Sommers, als die Welpen die Höhle am Sandhügel bereits verlassen hatten, sah ich mehrmals, wie einer der erwachsenen Wölfe eine Mahlzeit für sie hervorwürgte. Hätte ich zu dieser Zeit nicht schon gewußt, was sie da taten, hätte ich diese Handlung vermutlich mißdeutet und immer noch gerätselt, wie sie ihre Beute heimbrachten.

Die Entdeckung, daß Mäuse das Hauptgericht auf der Wolfsspeisekarte darstellten, lenkte mein gesteigertes Interesse auf die Mäuse. Sofort begann ich mit einer eingehenden Untersuchung dieser Tiere. Die Vorbereitung dazu bestand darin, daß ich im nahen Moor etwa 150 Mausefallen aufstellte, damit ich einen repräsentativen Querschnitt durch die Mäusebevölkerung hinsichtlich Alter, Geschlecht, Art und Häufigkeit bekam. Ich wählte dazu ein Gebiet, das nicht weit von meinem Zelt entfernt lag, weil ich voraussetzte, daß dieses Gelände typisch für einen von Wölfen bejagten Landstreifen sein müsse, und auch, weil ich so alles nah beisammen hatte und die Fallen häufig kontrollieren konnte. Diese Wahl erwies sich jedoch als Fehler. Am zweiten Tag, nachdem ich meine Fallen aufgestellt hatte, erschien George in dieser Gegend.

Ich sah ihn kommen und wußte nicht recht, was ich tun sollte. Da wir unsere gegenseitigen Grenzen noch immer sehr sorgfältig achteten, wollte ich nicht aus meinem Versteck hervorspringen und ihn verjagen. Andererseits wußte ich nicht, wie er reagieren würde, wenn er sah, daß ich seine Lebensmittelvorräte antastete.

Am Rande des Moores schnüffelte er ein Weilchen und warf dann einen mißtrauischen Blick in meine Richtung. Offensichtlich wußte er, daß ich die Grenze überschritten hatte, konnte jedoch den Grund dafür nicht begreifen. Ohne irgendwelche Anstalten zur Jagd zu treffen, ging er durch das Gras am Rande des Sumpfes, und ich sah zu meinem Entsetzen, daß er genau auf die Gruppe von zehn Fallen zuging, die ich in der Nähe des Schlupflochs einer Kolonie von Lemmingen aufgebaut hatte.

Sofort ahnte ich, was nun geschehen mußte, und ohne einen Augenblick zu zögern, sprang ich aus meiner Deckung und brüllte aus Leibeskräften: «George! Um Himmels willen! Bleib stehen!»

Es war zu spät. Mein Rufen erschreckte ihn nur und versetzte ihn in eine schnellere Gangart. Noch ungefähr zehn Schritte ging er waagerecht weiter, dann begann er plötzlich, eine unsichtbare Leiter himmelwärts zu erklettern.

Als ich ein wenig später den Unglücksort betrachtete, stellte ich fest, daß er sechs Fallen von zehn möglichen erwischt hatte. Sie konnten ihm selbstverständlich keinen wirklichen Schaden zufügen, doch der Schreck und der Schmerz, als ihm ein unsichtbarer Gegner gleichzeitig in mehrere Zehen biß, müssen beträchtlich gewesen sein. Zum erstenmal und das einzige Mal in der gesamten Zeit unserer Bekanntschaft verlor George seine Würde. Er jaulte wie ein Hund, der sich den Schwanz in der Tür geklemmt hat, und lief nach Hause, während er Mausefallen wie Konfetti um sich verstreute.

Dieser Zwischenfall bedrückte mich sehr. Er hätte leicht zu einem ernsthaften Bruch in unseren Beziehungen führen können. Daß es nicht dazu kam, kann ich nur auf Georges Sinn für Humor zurückführen, der sehr stark entwickelt war und der ihn vermutlich dazu brachte, daß er das alles für einen rauhen Scherz hielt, wie man ihn von einem Menschen nicht anders erwarten konnte.

11. MAUS À LA CRÈME

Die Erkenntnis, daß die Sommerverpflegung der Wölfe hauptsächlich aus Mäusen bestand, schloß meine Forschungen auf dem Gebiet der Ernährung durchaus noch nicht ab. Ich wußte, daß diese Beziehung zwischen Wölfen und Mäusen für die Wissenschaft eine Revolution bedeutete und daß man ihr daher mit Mißtrauen begegnen würde. Vielleicht lachte man mich sogar aus, falls ich diese Beziehung nicht so gründlich belegen konnte, daß keine Möglichkeit zum Zweifel blieb.

Zwei Hauptpunkte hatte ich bereits festgestellt:

1. Wölfe fingen und fraßen Mäuse.
2. Diese kleinen Tiere waren in ausreichender Anzahl vorhanden, um das Überleben des Wolfsbestandes zu gewährleisten.

Es fehlte allerdings noch ein dritter und sehr wichtiger Punkt zum Beweis meiner Behauptung. Er bezog sich auf den Nährwert von Mäusen. Ich mußte unbedingt beweisen, daß die kleinen Nagetiere durchaus einen großen Fleischfresser in gutem Zustand halten konnten.

Mir war klar, daß diese Aufgabe nicht leicht zu lösen war. Nur ein sorgfältig kontrolliertes Experiment konnte zum Ziel führen, und da ich diese Kontrolle nicht über die Wölfe ausüben konnte, war ich ratlos, was meine Arbeitsmethode anbelangte. Wäre Mike noch in der Nähe gewesen, hätte ich mir vielleicht zwei von seinen Schlittenhunden ausgeliehen und hätte den einen mit Mäusen, den anderen mit Karibufleisch ernährt (falls es noch zu haben war).

Dann hätte ich beide Hunde gleichen Versuchen unterzogen und damit einen Beweis für oder gegen meine Wolf-Mäuse-Theorie erlangen können. Aber Mike war fort, und ich hatte keine Ahnung, wann er zurückkommen mochte.

Mehrere Tage dachte ich über dieses Problem nach. Aber eines Morgens, als ich gerade einige Lemminge und Feldmäuse als Muster präparierte, kam mir der erleuchtende Gedanke. Trotz der Tatsache, daß der Mensch kein ausschließlicher Fleischfresser ist, sah ich keinen Grund, warum ich den Test nicht an mir selbst vornehmen sollte. Freilich war ich nur in einem einzigen Exemplar vorhanden, doch die sich daraus ergebende Schwierigkeit konnte überwunden werden, indem ich zwei Zeitspannen festlegte. Während der einen mußte ich mich ausschließlich von Mäusen ernähren, und während der zweiten mußte ich dann ausschließlich Büchsenfleisch und frischen Fisch essen. Am Ende jeder dieser Zeitspannen würde ich mich dann einer Reihe von psychologischen Tests unterziehen und die Ergebnisse miteinander vergleichen. Wenn dieser Versuch auch nicht völlig schlüssig sein mochte, was die Wölfe anbetraf, so mußte die Beobachtung, daß ich bei einer Mäusediät völlig funktionsfähig blieb, doch als deutlicher Hinweis darauf gewertet werden, daß auch Wölfe bei dieser Nahrung überleben und normal funktionieren konnten.

Da es niemals einen besseren Augenblick gibt als den gegenwärtigen, beschloß ich, sofort mit meinem Experiment zu beginnen. Nachdem ich das Becken voller kleiner Leichen gereinigt hatte, die von meiner morgendlichen Mäusehäutung übrig waren, tat ich sie in einen Topf und hängte sie über meinen Campingkocher. Als das Wasser kochte, strömte der Topf einen sehr angenehmen und reizvollen Duft aus, und als das Gebräu endlich fertig war, hatte ich großen Appetit.

Zunächst war es etwas schwierig, die vielen kleinen Säugetiere zu essen, weil sie so unendlich viele winzige Knochen aufwiesen. Bald stellte ich jedoch fest, daß man die Knochen ohne große Schwierigkeiten zerkauen und schlucken konnte. Der Geschmack der Mäuse – der freilich ein rein persönlicher Faktor und für das Experiment ohne Bedeutung ist – war angenehm, wenn auch ein wenig fade. Im Laufe des Versuchs führte dieser fade Geschmack zu einer gewissen Langeweile und einem daraus folgenden Nachlassen meines Appetits. Ich war gezwungen, ein wenig Abwechslung in die Zubereitung zu bringen.

Von den verschiedenen Rezepten, die ich entwickelte, war die Sahnemaus das angenehmste. Für den Fall, daß der eine oder andere unter meinen Lesern geneigt sein sollte, diese bisher ungenutzte Quelle tierischen Proteins für sich selbst zu nützen, will ich dieses Rezept hier ausführlich niederschreiben.

Maus à la crème

Man nehme:

Ein Dutzend fetter Mäuse	**Salz und Pfeffer**
Eine Tasse weißes Mehl	**Gewürznelken**
1 Stück Bauchfleisch, gesalzen	**Äthylalkohol**

(Hier sollte vielleicht vermerkt werden, daß Lemmingsbauchfleisch außerhalb der Arktis bisweilen schwer zu beschaffen sein dürfte. In solchen Fällen tut es auch gesalzenes Schweinefleisch.)

Man häute die Mäuse und nehme sie aus, jedoch ohne den Kopf zu entfernen. Sodann tue man sie in einen Topf und füge so viel Alkohol hinzu, daß die Mäuseleichen völlig bedeckt sind. Das ganze lasse man zwei Stunden kochen. Sodann schneidet man das Bauchfleisch in kleine Würfel und brät sie langsam, bis das meiste Fett entwichen ist. Nun nimmt man die Mäuse aus dem Alkohol und wälzt sie in einer Mischung aus Salz, Pfeffer und Mehl, legt sie dann in eine Pfanne und brät sie etwa fünf Minuten, wobei man darauf achtet, daß die Pfanne nie zu heiß wird, weil das zarte Fleisch sonst austrocknet und hart und sehnig wird. Man füge eine Tasse Alkohol und fünf oder sechs Gewürznelken hinzu, bedeckt die Pfanne und läßt alles fünfzehn Minuten bei mäßiger Hitze schmoren. Die Sahnesoße kann nach einem üblichen Rezept hergestellt werden. Ist die Soße bereit, übergießt man die Mäuse damit und läßt sie vor dem Servieren an einem warmen Platz etwa zehn Minuten durchweichen. Guten Appetit.

In der ersten Woche meiner Mäusediät stellte ich fest, daß meine Kraft unbeeinflußt blieb und daß sich keinerlei unangenehme Nebenwirkungen einstellten. Allerdings entwickelte sich eine starke Gier nach Fett. Dadurch kam ich auf den Gedanken, daß mein Versuch bis zu diesem Zeitpunkt teilweise wertlos gewesen war, weil ich etwas übersehen hatte, und dieser Fehler stellte meiner wissenschaftlichen Ausbildung wahrlich kein gutes Zeichen aus. Ich hätte daran denken müssen, daß die Wölfe die ganze Maus fraßen, und bei meinen Zerlegungen hatte ich festgestellt, daß diese Tiere den größten Teil ihres Fettvorrats in der Bauchhöhle ablagern. Das Fett haftet also an den Därmen, nicht aber unter der Haut oder im Muskelgewebe. Ich hatte einen unverzeihlichen Fehler begangen, und ich beeilte mich, ihn auszugleichen. Von diesem Tag an bis zum Ende des Experiments aß auch ich die ganze Maus (abgesehen vom Fell, versteht sich), und ich stellte fest, daß mein Verlangen nach Fett beträchtlich gemildert wurde.

Gegen Ende meiner Mäusediätzeit kehrte Mike zu seiner Hütte zurück. Er brachte einen Vetter mit, einen jungen Eskimo namens Ootek, der mein bester Gefährte werden und sich für meine Wolfsforschungen als unbezahlbar erweisen sollte. Bei unserer ersten Begegnung fand ich Ootek allerdings ebenso mißtrauisch und zurückhaltend, wie Mike es anfangs gewesen und dann auch geblieben war.

Ich war zur Hütte gegangen, um neue Vorräte zu holen, und als ich Rauch aus dem Schornstein aufsteigen sah, freute ich mich sehr, denn ich muß gestehen, daß ich mich hin und wieder nach menschlicher Gesellschaft gesehnt hatte. Als ich die Hütte betrat, briet Mike gerade Wildsteaks, und Ootek sah ihm dabei zu. Sie hatten Glück gehabt und ungefähr hundert Kilometer nordwärts ein Tier erlegt. Nach den ersten verlegenen fünf Minuten, in denen Mike sich bemühte, mich völlig zu übersehen, gelang es mir, das Eis zu brechen und mich Ootek vorzustellen. Der antwortete darauf, indem er zur anderen Seite des Tisches überwechselte und soviel Abstand wie nur irgend möglich zwischen uns brachte. Schließlich setzten die beiden sich zu Tisch, und endlich bot Mike auch mir ein Steak an.

Ich hätte es wirklich sehr gern gegessen, doch ich war noch bei meinem Experiment, und so mußte ich ablehnen, nachdem ich Mike zuvor die Gründe erklärt hatte. Er nahm meine Erklärung mit dem undurchdringlichen Schweigen seiner Eskimoahnen entgegen, doch er gab meine Erklärung offensichtlich an Ootek weiter, der, was immer er auch von mir halten mochte, auf typische Eskimoart reagierte. Am späten Abend, als ich zu meinem Beobachtungszelt zurückkehren wollte, trat mir Ootek vor der Hütte entgegen. Mit einem schüchternen aber gewinnenden Lächeln reichte er mir ein in Fell gehülltes Päckchen. Dankbar öffnete ich die Sehnenverschnürung und betrachtete das Geschenk, denn um ein solches handelte es sich. Es bestand aus einem Gelege von fünf kleinen, blauen Eiern. Ich konnte nicht genau erkennen, von welchem Vogel sie stammten.

Sehr dankbar, wenn auch nicht in der Lage, den Sinn dieses Geschenks völlig zu verstehen, ging ich in die Hütte zurück und fragte Mike.

«Eskimos denken, wenn ein Mann Mäuse ißt, dann werden seine Geschlechtsteile so klein wie bei Mäusen», erklärte er widerstrebend. «Wenn er aber Eier ißt, wird alles wieder in Ordnung. Ootek hat sich Sorgen um Sie gemacht.»

Ich konnte nicht feststellen, ob dieser Eskimoglaube reiner Aberglaube war, doch eine Vorsichtsmaßnahme kann ja niemals schaden. Da ich zudem überzeugt war, daß die Eier, die insgesamt vielleicht zwanzig Gramm wogen, den Erfolg meines Experiments nicht beeinträchtigen konnten, zerschlug ich sie in eine Bratpfanne und bereitete mir ein winziges Omelette. Die Nistzeit war bereits sehr weit fortgeschritten, und die Eier waren es ebenfalls, doch ich aß sie unverdrossen, und da Ootek mir dabei aufmerksam zusah, tat ich so, als wären sie ein wahrer Hochgenuß.

Freude und Erleichterung waren dem breitflächigen Gesicht des Eskimos abzulesen. Vermutlich war er sicher, daß er mich vor einem grausamen Schicksal bewahrt hatte.

Wenn es mir auch niemals gelang, Mike die Wichtigkeit meiner wissenschaftlichen Arbeit begreiflich zu machen, gab es solche Schwierigkeiten bei Ootek nicht. Oder vielleicht sollte ich lieber sagen: Wenn er auch nichts davon verstand, war er doch vom ersten Tag an felsenfest davon überzeugt, daß meine Arbeit wichtig war. Später fand ich heraus, daß Ootek ein Zauberpriester in niedrigen Graden war. Aus allem, was Mike ihm über mich erzählt hatte, aber auch aus dem, was er nun mit eigenen Augen sah, hatte er geschlossen, daß ich ebenfalls ein Schamane sein mußte, wenn auch von einer etwas ungewöhnlichen Art. Von seinem Standpunkt aus bot diese Annahme eine hinreichende Erklärung für alle meine sonst unerklärlichen Aktivitäten. Möglich ist auch – wenn ich auch zögere, Ootek so selbstsüchtige Motive zu unterstellen –, daß er durch die Verbindung mit mir seine eigenen Zauberfähigkeiten ausweiten wollte.

Jedenfalls beschloß Ootek, sich mir anzuschließen. Schon am nächsten Tag erschien er am Beobachtungszelt, brachte sein Nachtgewand mit und hatte sich offenbar auf einen längeren Besuch eingerichtet. Meine Befürchtung, er würde sich nur als hinderlich erweisen, war bald zerstreut. Ootek hatte von Mike ein paar Worte Englisch gelernt, und er war von einer so schnellen Auffassungsgabe, daß wir schon sehr bald einfache Gespräche führen konnten. Er war durchaus nicht überrascht, als er merkte, daß ich meine Zeit an das Studium der Wölfe wandte. Vielmehr erklärte er mir, daß er sich ebenfalls sehr für Wölfe interessierte, vor allem auch deswegen, weil sein persönlicher Schutzgeist Amarok, das Wolfswesen, war.

Ootek erwies sich als unschätzbarer Helfer. Er war nicht mit Vorurteilen über Wölfe belastet, die, nimmt man sie alle zusammen, in unserer Gesellschaft das allgemein anerkannte Urteil ausmachen. Vielmehr war er diesen Tieren so nahe, daß er sie als seine wahren Verwandten betrachtete. Später, als ich etwas von seiner Sprache gelernt hatte und er seine Kenntnisse in der meinen verbessert hatte, erzählte er mir, sein Vater habe ihn als Knaben von fünf Jahren in eine Wolfshöhle geführt. Dort sei er dann 24 Stunden wie unter seinesgleichen geblieben und habe mit den Wolfswelpen gespielt. Die erwachsenen Wölfe hätten ihn zwar beschnüffelt, sonst aber nicht belästigt.

Es wäre unwissenschaftlich gewesen, wenn ich alles, was er mir über Wölfe erzählte, ohne Überprüfung geglaubt hätte. Ich stellte jedoch fest, daß Ootek immer recht hatte, wenn eine solche Prüfung sich einmal als möglich erwies.

12. DER GEIST DES WOLFES

Daß Ootek auf so gutem Fuß mit mir stand, hatte einen heilsamen Einfluß auf Mikes Verhalten. Obgleich Mike auch weiter ein tiefverwurzeltes Mißtrauen nährte, ich könne wohl nicht ganz richtig im Kopf sein und mich noch immer als gefährlich erweisen, falls man mich nicht im Auge behielt, taute er doch so weit auf, wie es seine schweigsame Natur erlaubte, und er gab sich auch Mühe, nach Kräften zu helfen. Das war für mich ein großer Gewinn, denn nun konnte er als Dolmetscher zwischen Ootek und mir dienen.

Ootek konnte zu meinen Kenntnissen über die Freßgewohnheiten der Wölfe viel beitragen. Nachdem er bestätigt hatte, was ich bereits wußte, daß nämlich die Mäuse eine sehr wichtige Rolle auf dem Speisezettel der Wölfe spielten, erzählte er mir, daß Wölfe auch sehr viele Erdhörnchen verspeisen und sie bisweilen sogar dem Karibufleisch vorzuziehen schienen.

Diese Erdhörnchen kommen in den meisten arktischen Gegenden sehr zahlreich vor, wenn auch die Wolfshöhlenbucht gerade südlich von ihrem Wohngebiet liegt. Sie sind nahe Verwandte der Taschenratten der westlichen Ebenen, haben jedoch im Gegensatz zu diesen einen sehr geringen Selbsterhaltungstrieb. Folglich werden sie für Wölfe und Füchse zur leichten Beute. Im Sommer, wenn sie fett und wohlgenährt sind, können sie bis zu zwei Pfund wiegen. Dadurch kann ein Wolf genug von ihnen erlegen, daß es zu einer vollwertigen Mahlzeit reicht, und er braucht dazu viel weniger Energie aufzuwenden als zu einer Karibujagd.

Ich hatte vermutet, daß Fische in der Speisefolge des Wolfes kaum eine große Rolle spielen könnten, doch Ootek versicherte mir, daß ich mich irrte. Er selbst habe mehrfach Wölfe beim Fischen beobachtet. Zur Laichzeit im Frühling dringen Hechte, die bis zu vierzig Pfund wiegen können, gern in die engen Kanäle im moorigen Marschland am Rande der Seen ein.

Wenn ein Wolf sich zur Fischjagd entschließt, springt er in einen der breiteren Kanäle und watet gegen die Strömung. Dabei planscht er mächtig und treibt den Hecht vor sich her in immer engere und flachere Kanäle. Endlich begreift der Fisch, in welcher Gefahr er schwebt. Er wendet sich und versucht einen Durchbruch in offenes Wasser. Der Wolf steht ihm jedoch im Weg, und ein fester Zugriff der mächtigen Fänge genügt, um auch dem stärksten Hecht das Rückgrat zu brechen. Ootek sagte, er habe einmal einen Wolf gesehen, der in weniger als einer Stunde sieben starke Hechte gefangen habe.

Nach Ooteks Bericht fingen die Wölfe auch Karpfen, wenn diese Fische ihre Runde durch die Flüsse der Tundra anträten. In diesem Fall kauerte der Wolf sich auf einen Felsen an einer möglichst flachen Stelle des Flusses und packte zu, sobald ein Karpfen vorüberschwamm. Diese Methode ähnelt derjenigen, mit der die Bären Lachse fangen.

Eine weitere, wenn auch unbedeutende Nahrungsquelle bieten die arktischen Seeskorpione, kleine Fische, die in flachem Gewässer unter Felsen hausen. Die Wölfe fingen diese Tiere, indem sie am Ufer entlanggingen und Steine mit der Nase oder den Pfoten umdrehten und die so freigelegten Skorpione schnappten, ehe sie noch fliehen konnten.

Später im Laufe des Sommers bestätigte sich Ooteks Bericht. Ich konnte selbst beobachten, wie Onkel Albert einen ganzen Nachmittag über auf Skorpionfischerei ging. Leider habe ich die Wölfe niemals beim Hechtfang gesehen, doch da ich von Ootek erfahren hatte, wie sie dabei vorgingen, wandte ich die Methode selbst mit beträchtlichem Erfolg an, nur daß ich statt meiner Zähne einen kurzen Speer benutzte.

Diese zusätzlichen Hinweise auf das Leben des Wolfes waren faszinierend, doch erst als wir auf die Rolle zu sprechen kamen, die das Karibu im Leben der Wölfe spielt, öffnete mir Ootek wirklich die Augen.

Wolf und Karibu seien so nah verbunden, sagte er mir, daß sie fast eine Einheit darstellten. Was er meinte, erklärte er mir in einer

Geschichte, die ein wenig nach dem Alten Testament klang, die aber, wie Ootek versicherte, Bestandteil der Eskimoüberlieferung war, und diese Inlandeskimos waren zum Unglück für ihre Seelen noch immer glücklich und ungestört heidnisch.

Hier fasse ich zusammen, was Ootek mir erzählte.

«Am Anfang gab es eine Frau und einen Mann, und nichts anderes ging, schwamm oder flog auf der Welt, bis die Frau eines Tages ein Loch grub und zu fischen anfing. Ein Tier nach dem anderen zog sie aus dem Erdloch hervor. Und das letzte Tier, das sie hervorholte, war das Karibu. Dann sagte Kaila, der Gott des Himmels, der Frau, das Karibu sei die größte Gabe vor allen anderen, denn das Karibu werde dem Menschen das Leben erhalten.

Die Frau ließ das Karibu frei und befahl ihm, sich im ganzen Land zu vermehren, und das Karibu tat, was die Frau ihm gesagt hatte. Bald war das ganze Land von Karibus angefüllt, und die Söhne der Frau jagten gut, und sie aßen und kleideten sich und hatten gute Zelte aus Fell, in denen sie leben konnten, und alles kam vom Karibu.

Die Söhne der Frau jagten nur das gute, fette Karibu, denn das schwache, das kleine und kranke wollten sie nicht töten, denn dessen Fleisch schmeckte nicht gut, und auch sein Fell war nicht viel wert. Und nach einiger Zeit kam es so weit, daß es mehr kranke und schwache Tiere gab als gesunde und starke. Als die Söhne das sahen, waren sie enttäuscht und beklagten sich bei der Frau.

Die Frau verwendete einen großen Zauber und sprach mit Kaila und sagte: ‹Dein Werk ist nicht gut, denn das Karibu wird schwach und krank, und wenn wir es essen, dann werden wir eines Tages auch schwach und krank sein.›

Kaila hörte es und sagte: ‹Mein Werk ist gut. Ich werde es Amarok, dem Geist des Wolfes, sagen, und er wird es seinen Kindern sagen, und sie werden die schwachen, die kleinen und kranken Karibus fressen, so daß im Land nur die guten und fetten Tiere übrigbleiben.›

So geschah es, und deshalb sind der Wolf und das Karibu eins; denn das Karibu nährt den Wolf, aber der Wolf hält das Karibu gesund und stark.»

Die Geschichte verblüffte mich, denn ich hatte nicht damit gerechnet, daß ein ungebildeter Eskimo mir, wenn auch in bildhafter, gleichnishafter Form, eine Vorlesung über die Theorie des

Überlebens der Besten durch natürliche Auslese halten könnte. Jedenfalls blieb ich skeptisch hinsichtlich der glücklichen Beziehung zwischen Wölfen und Karibus, wie Ootek sie mir dargestellt hatte. Obwohl meine eigenen Erfahrungen mich bereits gelehrt hatten, viele als wissenschaftlich begründete Meinungen aufzugeben, konnte ich mir kaum vorstellen, daß der mächtige und intelligente Wolf seine Karibujagd auf schwache und kranke Tiere beschränkte, wenn er doch die fettesten und saftigsten Bissen aus der Herde auswählen konnte. Außerdem glaubte ich, eine vorzügliche Waffe zu haben, mit der ich Ooteks Aussage erschüttern konnte.

«Frag ihn doch einmal», bat ich Mike, «wieso dann rund um die Hütte so viele Skelette von großen und offenbar gesunden Karibus liegen, und das nicht nur hier, sondern kilometerweit nach Norden.»

«Das brauche ich ihn gar nicht erst zu fragen», erklärte Mike ohne das geringste Anzeichen von Beschämung. «Das sind Tiere, die ich getötet habe. Ich habe vierzehn Hunde zu versorgen, und damit sie satt werden, brauche ich jede Woche zwei, drei Karibus. Außerdem muß ich selbst auch essen. Und dann brauche ich noch Tiere für die Jagd. Ich lege zwei, drei Karibus in die Nähe meiner Fallen, und dann erwische ich viele Füchse. Für mich hat es keinen Zweck, daß ich die hageren und kranken Karibus schieße. Ich brauche die starken und fetten.»

Ich war entsetzt. «Wie viele schießt du ungefähr im Jahr?» fragte ich.

Mike grinste stolz. «Ich schieße sehr gut. Ich erlege vielleicht zwei-, dreihundert, bei guten Jagden auch etwas mehr.»

Nachdem ich mich von dieser Nachricht notdürftig erholt hatte, fragte ich, ob die anderen Trapper ebenso handelten.

«Jeder Trapper tut das», sagte er. «Indianer, Weiße, bis weit in den Süden, wo sich die Karibus im Winter aufhalten, müssen viele davon schießen, weil sie sonst nicht viele andere Tiere fangen können. Allerdings haben sie nicht immer Glück. Manchmal erwischen sie nicht genug Karibus. Dann müssen sie die Hunde eben mit Fischen füttern. Aber vom Fisch arbeiten Hunde nicht gut. Sie werden schwach und krank und können keine schweren Lasten ziehen. Karibu ist besser.»

Aus den Akten in Ottawa wußte ich, daß es hier in diesen Teilen von Saskatchewan, Manitoba und dem südlichen Keewatin ungefähr 1800 Trapper gab, also genau in dem Gebiet, in dem sich die Karibuherden von Keewatin im Winter aufhielten. Ich wußte auch, daß viele dieser Trapper in Ottawa von den Agenturen der Pelzhandels-Gesellschaften befragt worden waren, weil man den Grund für die schnelle Abnahme der Karibubestände in dieser Gegend herausfinden wollte. Die Ergebnisse dieser Befragung hatte ich gelesen. Wie ein Mann hatten alle diese Trapper und Händler behauptet, daß sie selbst niemals mehr als zwei oder drei Karibus im Jahr erlegten. Und ebenso einhellig hatten sie behauptet, die Wölfe rissen Tausende dieser Rentiere.

Obgleich Mathematik niemals meine starke Seite war, versuchte ich aus den mir zuteil gewordenen Informationen eine Summe zu errechnen. Da ich ein ziemlich konservativer Mann bin, halbierte ich dabei zunächst die Zahl der Trapper, nahm sodann nur die Hälfte von Mikes jährlicher Tötungszahl an, bevor ich die beiden Zahlen multiplizierte. Sooft ich auch rechnete, immer wieder kam ich auf die geradezu phantastische Zahl von 112000 Tieren, die in diesem Gebiet jährlich von Trappern getötet wurden.

Mir war klar, daß ich diese Zahl nicht in meinen Berichten verwenden konnte, falls ich nicht auf die Galapagos-Inseln versetzt werden wollte, um dort eine zehnjährige Untersuchung über Schildzecken durchzuführen.

Zudem war alles, was Ootek und Mike mir erzählt hatten, eben nur ein Wissen vom Hörensagen, und meine Aufgabe bestand nicht darin, solche Geschichten zu sammeln. Entschlossen verdrängte ich die verblüffenden Enthüllungen aus meinen Gedanken und ging wieder daran, die Wahrheit auf umständlichere Weise zu erforschen.

13. WOLFSGESPRÄCHE

Ootek hatte mancherlei naturwissenschaftliche Begabungen, und darunter war nicht die mindeste, daß er die Sprache der Wölfe zu verstehen schien.

Schon vor meiner Bekanntschaft mit ihm hatte ich festgestellt, daß die Klangfarben und die Spannweite der vokalen Möglichkeiten des Wolfes weit größer sind als die aller anderen Tiere, die ich kannte, vom Mensch abgesehen. In meinem Tagebuch hatte ich die folgenden Arten vermerkt: heulen, wimmern, winseln, fiepen, brummen, knurren und bellen. Bei jeder dieser Ausdrucksweisen hatte ich sehr viele Variationen bemerkt, sie jedoch nicht zulänglich beschreiben können. Mir war auch bewußt, daß Tiere dieser Art Geräusche hören und vermutlich auch hervorbringen konnten, die außerhalb der Aufnahmefähigkeit des menschlichen Ohres liegen. Die sogenannte tonlose Hundepfeife, die man überall im Handel bekommt, ist ein Beweis dafür. Ich hatte auch bemerkt, daß die verschiedenen Wölfe meiner Familiengruppe auf bestimmte Laute auf intelligente Weise zu reagieren schienen. Trotzdem hatte ich keinen Beweis dafür, daß diese Laute mehr als nur einfache Signale waren.

Meine eigentliche Ausbildung in der wölfischen Sprachwissenschaft begann wenige Tage nach Ooteks Ankunft. Wir hatten die Wolfshöhle gemeinsam seit einigen Stunden beobachtet, ohne etwas Bemerkenswertes zu sehen. Es war ein sehr ruhiger Tag, so daß die Fliegen zu einer wahren Plage wurden. Angeline und die Welpen hatten sich in die Höhle zurückgezogen, während die beiden Rüden nach einer anstrengenden Jagd, die bis in den Vormittag hinein gedauert hatte, in der Nähe schliefen. Ich war selbst schon recht schläfrig, als Ootek plötzlich die Hand ans Ohr legte und gespannt lauschte, den Blick auf die Höhle gerichtet.

Ich hörte nichts und konnte somit nicht ahnen, was seine Aufmerksamkeit erregt hatte, bis er sagte: «Hörst du? Die Wölfe sprechen!» Zugleich deutete er auf eine ungefähr sieben Kilometer nordwärts von uns gelegene Hügelkette.

(Während meiner zweijährigen Bekanntschaft mit Ootek verbesserte sich sein Englisch erheblich, während ich recht gut seine Sprache erlernte. Wir konnten uns also gut unterhalten. Deshalb habe ich unsere anfänglichen und recht mühseligen Gespräche hier in eine für den Leser weniger ermüdende Form gebracht.)

Ich lauschte, doch wenn dort von den Hügeln wirklich ein Wolf eine Sendung ausstrahlte, dann jedenfalls nicht auf meiner Wellenlänge. Ich hörte nur das Summen der Moskitos. George aber, der auf der Höhe des Sandhügels geschlafen hatte, richtete sich plötzlich auf, spitzte die Ohren und wandte die Nase nach Norden. Nach zwei, drei Minuten warf er den Kopf zurück und heulte. Es war ein langes, zitterndes Heulen, das mit dem tiefsten Ton begann und beim höchsten Ton endete, den mein Ohr noch wahrnehmen konnte. Ootek packte meinen Arm und grinste begeistert. «Der Wolf hat gesagt, daß die Karibus kommen!»

Ich verstand das alles nicht recht, bis wir zur Hütte zurückkehrten und Mike als Dolmetscher dienen konnte.

Nach Ooteks Meinung hatte der Wolf, der im nördlichen Nachbarrevier wohnte, unsere Wölfe nicht nur darüber unterrichtet, daß die langersehnten Karibuherden sich südwärts in Bewegung gesetzt hatten, sondern er hatte sogar mitgeteilt, wo diese Herden sich augenblicklich befänden. Die Geschichte wurde dadurch noch unglaublicher, daß dieser Wolf angeblich die Karibus nicht selbst gesehen hatte, sondern lediglich die Meldung weitergab, die er von einem noch entfernter wohnenden Wolf empfangen hatte. George hatte gehört und verstanden und die gute Nachricht dann seinerseits weitergeleitet.

Von Natur aus und durch meine Ausbildung bin ich ungläubig, und ich verbarg nicht, daß Ooteks Versuch, mich mit seinen Kenntnissen zu beeindrucken, mich belustigte. Aber wenn ich auch ungläubig war – Mike war es durchaus nicht. Ohne länger zu warten, bereitete er alles für einen Jagdausflug vor. Er meinte, in ein paar Tagen sei er wieder zurück.

Mich überraschte nicht, daß er darauf brannte, ein Karibu zu erlegen. Inzwischen war mir klar, daß er, genau wie alle anderen Menschen dieser Gegend, hauptsächlich von Karibufleisch lebte. Mich wunderte nur, daß er Ooteks unwahrscheinliche Geschichte für ausreichend hielt, um daraufhin einen zwei- oder dreitägigen Weg durch die Tundra anzutreten. Ich sagte das auch, doch Mike wurde wieder schweigsam und brach ohne ein weiteres Wort auf.

Als ich ihn drei Tage später wiedersah, bot er mir einen Topf voller Karibuzungen an. Er berichtete, daß er die Herde genau dort gefunden habe, wo sie sich nach Ooteks Übersetzung der Wolfsbotschaft aufhalten sollte, nämlich am Ufer des Sees Kooiak, der ungefähr 60 Kilometer nordostwärts von unserer Hütte lag.

Ich wußte, daß es sich dabei nur um einen Zufall handeln konnte. Da ich aber neugierig war, wie weit Mike noch gehen würde, um mich zum Narren zu halten, heuchelte ich Bekehrung und bat ihn, mir noch mehr über Ooteks unglaubliche Fähigkeit zu erzählen.

Mike war gern dazu bereit. Er erzählte, daß die Wölfe nicht nur die Fähigkeit besäßen, sich über große Entfernungen hinweg zu verständigen, sondern daß sie sich fast ebenso geläufig unterhalten konnten wie wir. Er gab zu, daß er selbst nicht alle Geräusche hören könne, die sie verursachten, und er könne die meisten davon auch nicht verstehen. Einige Eskimos aber, und ganz besonders Ootek, hörten und verstünden so gut, daß sie mit Wölfen förmlich Gespräche führen könnten.

Ich bewegte diese Information eine Zeitlang in meinem Hirn und beschloß dann, daß alles, was diese beiden mir künftig erzählen würden, mit kräftigen Fragezeichen zu versehen wäre.

Allerdings meldete sich immer wieder der leise Verdacht, es könnte vielleicht doch etwas an der ganzen Geschichte sein. Deshalb sagte ich Mike, er solle Ootek bitten, mich über alles auf dem laufenden zu halten, was unsere Wölfe künftig sagten.

Als wir am nächsten Morgen zum Zelt kamen, war von den männlichen Wölfen nichts zu sehen. Angeline und die Welpen waren schon auf, doch Angeline schien merklich unruhig zu sein. Immer wieder unternahm sie kleine Ausflüge zur Anhöhe, blieb dort einige Minuten lauschend stehen und kehrte dann zu ihren Jungen zurück. Viel Zeit verging, und George und Onkel Albert waren längst überfällig. Aber dann, bei ihrem fünften Ausflug auf die Anhöhe, schien Angeline etwas zu hören. Und Ootek hörte es ebenfalls. Wieder legte er die Hände hinter die Ohren, und nachdem er eine Zeitlang gelauscht hatte, versuchte er, mir zu erklären, was vor sich ging. Leider waren wir in unseren Verständigungsmöglichkeiten zu dieser Zeit noch nicht weit genug vorangekommen, und diesmal verstand ich nicht einmal annähernd, was er mir sagen wollte.

Ich kehrte zu meiner Beobachtung zurück, während Ootek ins Zelt kroch und schlief. In mein Tagebuch trug ich ein, daß George und Albert gemeinsam, offensichtlich erschöpft, um 12 Uhr 17 zur Höhle zurückkehrten. Gegen 14 Uhr wachte Ootek auf und entschuldigte sich für seine Pflichtvergessenheit, indem er mir eine Kanne Tee braute.

Als wir Mike wieder begegneten, erinnerte ich ihn an sein Versprechen, und er fing sogleich an, Ootek zu befragen.

«Gestern», erzählte er mir dann, «hat der Wolf, den du George nennst, seiner Frau etwas zugerufen. Ootek hat es gut gehört. Er hat seiner Frau gesagt, die Jagd wäre gar nicht gut, und er würde länger ausbleiben und vielleicht erst ungefähr um die Mitte des Tages nach Hause kommen.»

Ich erinnerte mich, daß Ootek nicht wissen konnte, wann die beiden Wölfe heimgekommen waren, denn zu dieser Zeit hatte er im Zelt fest geschlafen. Und 12 Uhr 17 liegt in der Tat der Mitte des Tages ziemlich nahe.

Gleichwohl blieb ich noch zwei Tage skeptisch. Aber dann stand George wieder auf der Anhöhe und spitzte die Ohren nach Norden. Was er hörte, falls er überhaupt etwas hörte, schien ihn diesmal nicht sehr zu interessieren, denn er heulte nicht, sondern kehrte zur Höhle zurück und beschnüffelte Angeline.

Ootek war hingegen sehr interessiert. Die Aufregung zeigte sich in seinem Gesicht. Er packte meinen Arm und redete auf mich ein, doch ich verstand nur wenige Worte. *Innuit* (Eskimos) und *kiyai* (kommen) kamen mehrmals vor. Als ich noch immer nicht begriff, warf Ootek mir einen verzweifelten Blick zu und lief ohne ein Abschiedswort in einer Richtung über die Tundra, die ihn in den Nordwesten von Mikes Hütte gebracht hätte. Ich ärgerte mich ein wenig über diesen Aufbruch, vergaß ihn jedoch bald, denn es war schon später Nachmittag, und alle Wölfe wurden unruhig, da die Rüden schon bald zu ihrer Jagd aufbrechen mußten.

Diese Vorbereitungen verliefen nach festen Regeln. Zumeist eröffnete George die Förmlichkeiten mit einem Besuch in der Höhle. Waren Angeline und die Welpen darin, so trieb sein Besuch sie ins Freie. Waren sie aber bereits draußen, so veränderte sich Angelines Verhalten von häuslicher Langeweile in offensichtliche Erregung. Sie kroch auf George zu, sprang vor ihm auf und ab, bedrängte ihn mit der Schulter und umarmte ihn mit beiden Vorderbeinen. In diesen verspielten Augenblicken schien George besonders liebenswürdig zu sein und manchmal vollführte er dann einen spielerischen Kampf mit seiner Frau. Von meinem Beobachtungsplatz aus sahen diese Kämpfe ziemlich wild aus, doch das beständige Schwanzwedeln beider Tiere bewies, daß nichts so ernst gemeint war, wie es aussah.

Von den Geräuschen des Spiels angelockt, tauchte dann auch Onkel Albert auf und gesellte sich zu der Gruppe. Oft schlief er ein erhebliches Stück von der Höhle entfernt. Vielleicht wollte er dadurch vermeiden, daß er im Laufe des Tages allzu häufig in die Rolle des Babysitters gedrängt wurde.

Sobald er ankam, standen alle drei erwachsenen Wölfe im Kreis, stießen die Nasen aneinander, wedelten mit dem Schwanz und gaben Geräusche von sich. «Gaben Geräusche von sich» ist eine ziemlich ungenaue Beschreibung, doch ich weiß keine bessere. Ich war so weit entfernt, daß ich nur die lauteren Geräusche hören konnte, und diese kamen mir so ungefähr wie ein Grunzen vor. Ihre Bedeutung blieb mir verschlossen, doch bestimmt hatten sie mit einem Ausdruck des Wohlwollens, mit freudiger Erwartung und mit guter Stimmung zu tun.

Nachdem man so zwanzig Minuten bis eine Stunde auf diese Weise miteinander verbracht hatte und die Welpen sich dadurch beteiligten, daß sie allen unter die Pfoten kamen und in jeden erreichbaren Schwanz bissen, erstiegen die drei ausgewachsenen Wölfe den Höhlengang, wobei Angeline zumeist voranging. Wieder bildeten sie dort einen Kreis, hoben den Kopf und «sangen» ein paar Minuten.

Das war einer der Höhepunkte ihres Tages, und für meinen Tag bedeutete es den Höhepunkt schlechthin. Als ich diesen Wolfsgesang zuerst hörte, sträubte sich mir das Haar aus eingewurzelter Angst, und ich kann nicht behaupten, daß ich den Chor jemals ganz und gar genossen hätte. Nach einiger Zeit jedoch freute ich mich über diesen Gesang und erwartete ihn täglich voller Ungeduld. Und doch fällt es mir schwer, ihn zu beschreiben, denn die einzigen Worte, die mir zur Verfügung stehen, beziehen sich auf menschliche Musik. Deshalb sind sie nicht angemessen, wenn nicht gar völlig irreführend. Ich kann nur sagen, daß dieser Gesang aus tiefster Kehle mich anrührte wie in seltenen Augenblikken das Orgelspiel eines großen Künstlers.

Für mich konnte das leidenschaftliche Lied niemals lange genug dauern. Nach drei oder vier Minuten endete es jedoch, und der Kreis löste sich auf, wobei alle wieder nasestupsend und schwanzwedelnd gute Laune und Zuneigung bewiesen. Dann ging Angeline widerstrebend auf die Höhle zu, wobei sie sich oft umsah, während George und Onkel Albert auf einem der Jagdpfade entlangtrotteten. Sie zeigte deutlich, daß sie gar zu gern mit ihnen gegangen wäre, aber endlich ging sie doch zu ihren Kleinen und fügte sich wieder ihren unersättlichen Wünschen nach Nahrung oder Spiel.

An diesem besonderen Abend unterbrachen die Wölfe die übliche Form. Sie gingen nicht einen der Pfade nach Norden oder Nordwesten, sondern liefen nach Osten davon, also weiter fort von Mikes Hütte und von mir.

Ich dachte nicht weiter über diese Abweichung nach, bis einige Zeit später ein menschlicher Ausruf mich herumfahren ließ. Ootek war wieder da, doch er war nicht allein. Bei ihm waren drei Freunde. Alle waren schüchtern und lächelten breit, als sie den *kablunak* begrüßten, der sich für die Wölfe interessierte.

Die Ankunft einer solchen Menschenmenge ließ den Erfolg weiterer Beobachtungen an diesem Abend als sehr fragwürdig erscheinen, und so ging ich mit den vier Eskimos zur Hütte. Mike war daheim und begrüßte die Ankömmlinge als alte Freunde. Endlich fand ich Gelegenheit, ihm ein paar Fragen zu stellen.

Ja, bestätigte er, Ootek habe tatsächlich gewußt, daß diese Männer unterwegs gewesen seien und bald eintreffen mußten.

Und woher er es gewußt habe?

Eine närrische Frage! Er hatte es gewußt, weil der sieben Kilometer entfernte Wolf den Durchzug von Eskimos durch sein Gebiet gemeldet hatte. Ootek hatte es mir erklären wollen, und als ich nicht verstand, war er aufgebrochen, um seine Freunde zu begrüßen.

So war das also.

14. DER UMZUG

In der dritten Juniwoche zeigte Angeline immer deutlichere Anzeichen von Unruhe. Sie erweckte den Eindruck, daß ihr allzu häusliches Leben in der Höhle sie entsetzlich langweilte. Wenn George und Albert jetzt abends zur Jagd aufbrachen, begleitete sie die beiden Rüden auf dem ersten Teil ihres Weges. Erst entfernte sie sich dabei nur hundert Meter von der Höhle, aber einmal legte sie auch fast einen halben Kilometer zurück, ehe sie langsam umkehrte.

George war von dieser Veränderung offenbar sehr erfreut. Seit Wochen schon hatte er vergeblich versucht, sie zu überreden, an der nachtlangen Jagd durch die Tundra teilzunehmen. Einmal hatte er seinen Aufbruch um eine gute Stunde verzögert, nachdem Onkel Albert schon ungeduldig geworden und allein aufgebrochen war, und hatte versucht, seine Gefährtin zum Mitkommen zu bewegen.

Innerhalb dieser Stunde lief er achtmal von der Anhöhe zur Höhle hinunter, wo Angeline inmitten ihrer Welpen lag. Jedesmal beschnüffelte er sie, wedelte heftig und lief dann hoffnungsvoll auf den Jagdpfad zu. Jedesmal kehrte er dann, da sie ihm nicht folgte, zu seinem Aussichtspunkt zurück, blieb dort einige Minuten trostlos sitzen und versuchte es dann noch einmal. Als er dann endlich doch allein aufbrach, bot er ein Bild tiefster Enttäuschung und hielt Kopf und Schwanz so tief, als wollte er zusammenbrechen.

Der Wunsch, eine Nacht auf der Tundra gemeinsam zu verbringen, bestand offensichtlich auf beiden Seiten, doch für Ange- stand das Wohlergehen der Welpen an erster Stelle, obwohl sie doch schon recht groß waren und soviel Aufmerksamkeit vielleicht gar nicht mehr brauchten.

Am Abend des 23. Juni war ich allein im Zelt. Ootek war in eigenen Angelegenheiten ein paar Tage unterwegs. Die Wölfe versammelten sich zu ihrem üblichen Abschiedsgesang. Bei dieser Gelegenheit übertraf Angeline sich selbst, und ihre Stimme klang so sehnsüchtig, daß ich wünschte, ich könnte ihr meine Dienste als Babysitter anbieten, solange sie mit George und Albert unterwegs wäre. Aber solche Gedanken hätte ich mir gar nicht zu machen brauchen, denn Onkel Albert hatte ebenfalls begriffen. Als nämlich der Gesang beendet war, liefen Angeline und George schleunigst davon, während Onkel Albert mürrisch zur Höhle zurückschlich und sich darauf vorbereitete, die ganze Nacht die Kleinen zu hüten.

Wenige Stunden später setzte heftiger Regen ein, und ich mußte meine Beobachtung aufgeben.

Als am nächsten Morgen der Regen aufhörte, waren keine Wölfe zu sehen. Der Nebel hob sich, und ich konnte meine Beobachtungen wieder aufnehmen. Aber kurz vor neun Uhr tauchten George und Onkel Albert auf dem Hügel auf.

Beide schienen aufgeregt oder doch wenigstens unruhig zu sein. Nachdem sie eine ganze Zeit unruhig hin und her gewandert waren, die Nasen aneinander gestoßen hatten und zwischendurch immer wieder wie erstarrt gestanden und die Landschaft überschaut hatten, teilten sie sich. George erstieg den höchsten Punkt des Hügels, wo er sich weithin sichtbar niedersetzte und das Land nach Osten und Süden hin abspähte. Onkel Albert ging nordwärts, legte sich auf einen erhöhten Felsen und überblickte die Ebene im Westen.

Von Angeline war noch immer nichts zu sehen, und diese Tatsache, verbunden mit dem ungewöhnlichen Verhalten der beiden Rüden, ließ auch mich unruhig werden. Der Gedanke, Angeline könnte etwas zugestoßen sein, verursachte mir einen überraschenden Schmerz. Ich war mir noch gar nicht bewußt geworden, wie gern ich sie mochte. Da sie jetzt aber verschwunden zu sein schien, machte ich mir ernstliche Sorgen um sie.

Schon wollte ich mein Zelt verlassen, den Hügel ersteigen und selbst nach ihr Ausschau halten, als sie mich überraschte. Ich warf einen letzten Blick durch das Teleskop und sah sie aus der Höhle hervortreten. Sie trug etwas zwischen den Fängen und lief damit eilig über den Sandhügel hinweg. Zuerst konnte ich nicht erkennen, was sie trug, doch dann sah ich überrascht, daß es einer der Welpen war.

Trotz dieser Last – der Welpe mußte immerhin zehn bis fünfzehn Pfund wiegen, kam Angeline schnell voran, lief diagonal über den Sandhang hinweg und verschwand zwischen einer Gruppe von Büschen. Fünfzehn Minuten später war sie wieder an der Höhle und holte einen weiteren Welpen, und gegen zehn Uhr hatte sie auch den letzten fortgeschafft.

Nachdem sie zum letztenmal verschwunden war, gaben die beiden männlichen Wölfe ihre Wache auf. Offensichtlich hatten sie den Umzug beschützen wollen. Jetzt folgten sie Angeline, und ich sah betrübt eine leere Landschaft vor mir. Ich fand nur eine Erklärung für diesen Massenauszug. Irgendwie mußte ich die Wölfe so sehr gestört haben, daß sie jetzt ihre alte Höhle aufgaben. Wenn das wirklich der Fall war, konnte ich alles nur noch verschlimmern, wenn ich ihnen folgte. Da ich nicht wußte, was ich sonst tun sollte, lief ich zur Hütte, um Ootek zu befragen.

Der Eskimo beruhigte mich sogleich. Er erklärte mir, dieser Umzug mit den Welpen sei bei jeder Wolfsfamilie um diese Jahreszeit ein ganz normaler Vorgang, und dafür gäbe es mehrere Gründe. Erstens seien die Welpen jetzt entwöhnt, und da es in der unmittelbaren Nähe der bisherigen Höhle kein Wasser gäbe, müsse man sie eben an einen anderen Ort bringen, an dem sie ihren Durst auch ohne die Zitzen ihrer Mutter stillen konnten. Zweitens würden die Kleinen jetzt zu groß für die Höhle, die sie kaum noch alle aufnehmen könne. Und drittens, und das sei wohl das Wichtigste, würde es jetzt Zeit, die erste Kindheit der Welpen als abgeschlossen zu betrachten und mit ihrer Ausbildung zu beginnen.

«Sie sind schon so alt, daß sie nicht mehr in einer Höhle unter der Erde leben können, aber noch so klein, daß sie ihren Eltern auf der Jagd noch nicht folgen können», übersetzte Mike, was Ootek mir erklärte. «Darum bringen die Eltern sie an eine andere Stelle, an der sie genug Platz haben, um herumzutoben und etwas von der Welt zu lernen, wo sie aber immer noch geschützt genug sind.»

Zufällig kannten Ootek und Mike die neue «Sommerhöhle» genau, und am nächsten Tag verlegten wir das Beobachtungszelt an eine Stelle, von der aus wir sie zum Teil überblicken konnten.

Das neue Zuhause der Welpen war fast einen Kilometer von der alten Höhle entfernt und befand sich inmitten eines Hanges mit sehr großen Felsbrocken, die der Frost von den Klippenwänden abgesprengt hatte. Ein kleiner Bach durchlief das Gelände. Auch ein Stück grasiges Marschland gehörte dazu, auf dem es von Mäusen nur so wimmelte. Hier konnten die Kleinen ausgezeichnet in die ersten Jagdgeheimnisse eingeführt werden. Wenn sie die Höhle verlassen oder wieder aufsuchen wollten, hatten die Welpen eine sehr steile Stelle zu überwinden, die noch zu schwierig für sie war. Deshalb konnte man sie beruhigt allein zurücklassen und sicher sein, daß sie nicht umherstreunten. Da sie groß genug waren, um sich gegen die einzigen anderen Fleischfresser der Gegend, Füchse und Falken, zu wehren, hatten sie nichts zu fürchten.

Ich wollte den Wölfen genug Zeit lassen, sich in ihrer Sommerwohnung einzurichten, ehe ich meine eingehende Beobachtung wieder aufnahm. So verbrachte ich den nächsten Abend in der Hütte und vervollständigte meine Aufzeichnungen.

An diesem Abend lieferte Ootek mir einige neue Informationen. Unter anderen sehr interessanten Dingen erzählte er mir, daß Wölfe länger lebten als Hunde. Er selbst hatte Wölfe kennengelernt, die sechzehn Jahre alt wurden, und ein Wolfspatriarch, den Ooteks Vater gut gekannt hatte, mußte das Alter von zwanzig Jahren erreicht haben.

Er erklärte mir auch, daß Wölfe etwa dieselbe Einstellung zu ihren Welpen haben wie Eskimos zu ihren Kindern. Das bedeutet, daß die eigentliche Vaterschaft nicht sehr bedeutungsvoll ist und daß es unter jungen Wölfen niemals Waisen gibt, wie wir es nennen würden.

Vor einigen Jahren war eine Wölfin, die drei Kilometer von Ooteks damaliger Wohnung entfernt ihre Familie aufzog, von einem im Kanu vorüberfahrenden weißen Mann erschossen worden. Ootek, der sich auf magische Weise allen Wölfen verwandt fühlte, hatte sich über diesen Zwischenfall sehr aufgeregt. Im Eskimolager hatte zu dieser Zeit eine Schlittenhündin Junge, und so hatte Ootek beschlossen, die Wolfswelpen auszugraben und sie der Hündin zu geben. Sein Vater habe ihn jedoch davon abgebracht und gesagt, das sei völlig unnötig, denn die anderen Wölfe würden schon für die Welpen sorgen.

Obgleich Ooteks Vater ein großer Schamane gewesen war, war Ootek nicht völlig überzeugt, und deshalb hatte er die Wolfshöhle bewacht. Er hatte noch nicht lange in seinem Versteck gekauert, wie er mir sagte, als er einen fremden Wolf in Begleitung des verwitweten Rüden auftauchen sah. Beide verschwanden in der Höhle, und als sie wieder herauskamen, trug jeder einen Welpen zwischen den Zähnen.

Ootek folgte ihnen mehrere Kilometer, bis ihm klarwurde, daß sie einer anderen Wolfshöhle zustrebten, deren Lage er ebenfalls kannte. Er lief sehr schnell und wählte einige Abkürzungen, und so erreichte er die zweite Höhle noch vor den Wölfen und konnte ihre Ankunft beobachten.

Sobald sie eintrafen, kam die Wölfin, die ebenfalls einen Wurf zu versorgen hatte, zum Höhleneingang, griff die beiden Welpen nacheinander beim Nackenfell und nahm sie mit in die Höhle, während die beiden Rüden wieder davonliefen, um die restlichen Welpen zu holen.

Nachdem der Umzug vollendet war, wohnten in der Höhle zehn junge Wölfe, die alle ungefähr gleichen Alters waren und nach Ooteks Beobachtungen von den ausgewachsen Wölfen alle mit gleicher Fürsorge und Liebe behandelt wurden. Der verwitwete Rüde zählte nun ebenfalls zur Familie.

Das war eine rührende Geschichte, und ich glaubte sie lange Zeit nicht völlig, bis ich einige Jahre darauf eine ganz ähnliche Geschichte über die Adoption von Wolfswaisen hörte. Bei dieser Gelegenheit war mein Informant ein weißer Naturforscher von so großem Ruf, daß ich seinen Bericht nicht gut bezweifeln konnte. Freilich: wenn ich jetzt darüber nachdenke, weiß ich nicht, warum seine Worte gewichtiger sein sollten als Ooteks Erzählung, da Ootek doch schließlich beinahe selbst ein Wolf war oder sich doch als ihr naher Verwandter fühlte.

Ich ergriff die Gelegenheit und fragte Ootek, ob er jemals etwas erlebt habe, was die alte Geschichte belegen könnte, nach der Wölfe bisweilen auch kleine Kinder bei sich aufnähmen. Er lächelte, denn er meinte offenbar, ich wollte mir einen Scherz erlauben, und seine Antwort sagte aus, daß der Gedanke zwar sehr hübsch sei, aber die Grenzen des Glaubwürdigen wohl doch überschritte. Ich war ein wenig verärgert, weil er sich so rundheraus weigerte, die Geschichte vom Wolfsjungen für wahr zu halten, doch wirklich erschüttert war ich erst, als er weiter erklärte:

Ein menschliches Baby müßte in einer Wolfshöhle sterben, sagte er, und zwar nicht etwa, weil die Wölfe seinen Tod wollten, sondern weil es eben wegen seiner angeborenen Hilflosigkeit nicht in der Lage wäre, wie ein Wolf zu leben. Andererseits sei es einer Frau durchaus möglich, einen Wolfswelpen gesund aufzuziehen, wie es manchmal in Eskimolagern geschah, wenn eine Schlittenhündin starb. Außerdem kannte er mindestens zwei Fälle, in denen eine Eskimofrau ihr Kind verloren habe, und weil sie so viel Milch hatte, einen Wolfswelpen gesäugt hatte, weil Schlittenhundwelpen zu dieser Zeit gerade nicht greifbar gewesen seien.

15. ONKEL ALBERT VERLIEBT SICH

Die Lage der neuen Sommerwohnung mochte für die Wölfe sehr günstig sein; für mich war sie es nicht, weil die zahllosen Felsbrocken die Sicht auf das versperrten, was dort vor sich ging. Außerdem kamen jetzt die Karibus aus dem Norden allmählich wieder in die Gegend, und alle drei ausgewachsenen Wölfe fühlten sich vom Jagdvergnügen mächtig angezogen. Sie verbrachten noch immer den größten Teil des Tages in der Nähe ihrer Sommerwohnung, aber sie waren von ihren nächtlichen Ausflügen zumeist so müde, daß sie meistens nur schliefen.

Allmählich wurde mir die Zeit lang, doch dann erlöste mich Onkel Albert dadurch aus meiner Langeweile, daß er sich verliebte.

Als Mike zum erstenmal kurz nach meiner Ankunft seine Hütte verlassen hatte, hatte er alle seine Schlittenhunde mitgenommen, und zwar nicht, wie ich anfangs vermutete, weil er sie in der Nähe meiner Skalpelle nicht für sicher hielt, sondern weil die Abwesenheit der Karibus ihre Ernährung unmöglich machte. Den Juni über war sein Gespann bei den Eskimos geblieben, deren Lager in der Nähe des Sommeraufenthalts der Karibus lag. Jetzt aber, da die Karibus wieder südwärts zogen, brachten die Eskimos die Hunde, die sie in Pflege genommen hatten, wieder zurück.

Mikes Hunde waren aus einheimischer Zucht und herrliche Tiere. Im Gegensatz zu einem weiteren unausrottbaren Märchen sind die Eskimohunde keineswegs halbgezähmte Wölfe, obwohl beide Arten möglicherweise von denselben Ahnen abstammen. Schlittenhunde sind kleiner und wesentlich kräftiger gebaut als Wölfe. Sie haben eine breite Brust, einen kürzeren Hals und buschige Schwänze, die sich wie Federbüsche über ihren Rücken biegen. Auch in anderer Hinsicht unterscheiden sie sich von den Wölfen. Schlittenhündinnen werden jederzeit und ohne alle Rücksicht auf die Jahreszeiten läufig.

Als Mikes Gespann in die Hütte zurückkehrte, war eine der Hündinnen im Begriff, heiß zu werden. Da sie von Natur aus heißblütig und nach ihrer Neigung sehr liebevoll war, hatte diese Hündin den Rest der Meute bald in einen Aufruhr versetzt, der für Mike manche Schwierigkeit mit sich brachte. Eines Abends, als er sich darüber beklagte, kam mir eine Idee.

Wegen der keuschen Gewohnheiten der Wölfe hatte meine Studie bisher nichts über deren Sexualleben erbracht, und ich konnte kaum hoffen, diese Lücke in meinen Kenntnissen zu schließen, es sei denn, ich versuchte, den Wölfen auf den Fersen zu bleiben, wenn sie während ihrer kurzen Paarungszeit im März den Karibuherden folgten.

Nun wußte ich aber von dem, was Mike und Ootek mir bereits erzählt hatten, daß Wölfe nicht gegen Vermischung mit anderen Arten eingestellt sind. Tatsächlich paaren sie sich noch immer mit Hunden, wenn sich die Gelegenheit dazu ergibt. Das geschieht zwar nicht oft, weil die Schlittenhunde immer angebunden sind, wenn sie nicht arbeiten, aber immerhin – es kommt vor.

Ich machte Mike meinen Vorschlag, und zu meiner Freude stimmte er zu. Er schien sogar recht froh darüber zu sein, denn er hatte schon längst einmal herausfinden wollen, was für ein Schlittenhund wohl bei einer Kreuzung aus Wolf und Hund herauskäme.

Die zweite Frage war, wie man das Experiment so vorbereiten sollte, daß meine Forschungsarbeit den größten Nutzen daraus zog. Ich beschloß, alles in Etappen aufzubauen. Der erste Schritt bestand darin, daß ich die läufige Hündin, die Kooa hieß, auf einen Spaziergang in die Nähe meines neuen Beobachtungsgebiets mitnahm. Auf diese Weise konnten die Wölfe ihre Anwesenheit wahrnehmen und erfahren, in welchem Zustand sie sich befand.

Kooa war dazu nur zu gern bereit. Als wir die erste Wolfsspur kreuzten, konnte ich ihre Begeisterung nur mit einigen heftigen Leinenhieben abkühlen. Sie zog mich hinter sich her, kniff den Schwanz zwischen die Beine und beschnüffelte jede Grenzmarkierung in deutlicher Vorfreude.

Nur mit Mühe konnte ich sie zur Hütte zurückschleifen, und sobald sie sicher angepflockt war, heulte sie die ganze Nacht hindurch vor Enttäuschung.

Vielleicht aber kamen in ihrem Gesang ganz andere Gefühle zum Ausdruck, denn als ich am nächsten Morgen aufstand, sagte mir Ootek, daß wir einen Besucher gehabt hätten. Tatsächlich war im feuchten Sand des Flußufers, hundert Meter von den Hunden entfernt, deutlich die Spur eines großen Wolfes zu erkennen. Wahrscheinlich hatten nur die eifersüchtigen Schlittenhunde dafür gesorgt, daß nicht schon in dieser Nacht ein intimes Rendezvous der beiden Auserwählten stattgefunden hatte.

Auf so schnelle Ergebnisse war ich nicht vorbereitet gewesen, obgleich ich doch hätte ahnen müssen, daß entweder George oder Onkel Albert den einen oder anderen von Kooas hinterlassenen Duftgrüßen noch am selben Abend entdecken würden.

Jetzt mußte ich schnell die zweite Stufe meines Planes ausführen. Ootek und ich gingen zum Beobachtungszelt und hundert Meter darüber hinaus auf die Sommerwohnung der Wölfe zu. Dann spannten wir zwischen zwei Felsen ein ungefähr fünfzehn Meter langes Kabel.

Am nächsten Morgen führten wir Kooa dorthin oder ließen uns vielmehr von ihr dorthin ziehen. Obwohl sie entschieden versuchte, sich loszureißen und auf eigene Faust auf Wolfssuche zu gehen, gelang es uns, ihre Leine an dem Kabel zu befestigen. Auf diese Weise hatte sie eine beträchtliche Bewegungsfreiheit, und wir konnten sie doch vom Zelt aus mit Gewehrfeuer beschützen, falls irgend etwas nicht nach Wunsch verlief.

Zu meiner Überraschung legte sie sich sofort nieder und schlief fast den ganzen Nachmittag. In der Nähe der Sommerhöhle waren keine erwachsenen Wölfe zu sehen; nur die Welpen konnten wir gelegentlich entdecken, wenn sie im Gras herumtollten und Mäusefang übten.

Gegen halb neun stimmten die Wölfe plötzlich ihren Gesang vor dem Aufbruch zur Jagd an, obwohl sie hinter dem Hügel südlich von der Höhle verborgen blieben.

Kaum hatten die ersten Laute mich erreicht, als Kooa auch schon aufsprang und in den Chor einstimmte. Und wie sie heulte! Obwohl ich meines Wissens keinerlei Hunde- oder Wolfsblut in den Adern habe, reichte der sehnsüchtige Ton ihrer Stimme aus, um mich an andere Zeiten und andere Freuden denken zu lassen.

Daß die Wölfe den Inhalt ihrer Klage sehr wohl begriffen, blieb nicht lange zweifelhaft. Ihr Gesang brach ab, und gleich darauf erschienen alle drei auf der Höhe des Hügels. Sie mußten Kooa jetzt deutlich sehen, obwohl sie noch 400 Meter von ihnen entfernt war. Nach nur kurzem Zögern kamen sowohl George als auch Onkel Albert auf sie zugelaufen.

George kam nicht sehr weit. Ehe er noch fünfzig Meter zurückgelegt hatte, war Angeline an ihm vorbei, und wenn ich es auch nicht beschwören kann, hatte ich doch den Eindruck, daß sie ihm ein Bein stellte. Jedenfalls überschlug er sich, und als er dann wieder auf die Pfoten kam, schien ihm jedes Interesse an Kooa vergangen zu sein. Um ihm Gerechtigkeit widerfahren zu lassen, muß ich sagen: Ich glaube nicht, daß er überhaupt sexuell an ihr interessiert war. Wahrscheinlich wollte er nur nach dem fremden Eindringling in seinem Gebiet sehen. Jedenfalls zog er sich gemeinsam mit Angeline in die Sommerwohnung zurück. Dort legten sie sich am Eingang der Höhle nieder und beobachteten das Geschehen. Sie überließen es Onkel Albert, mit der Lage fertig zu werden, wie er es für richtig hielt.

Ich weiß nicht, wie lange Albert schon unbeweibt war, aber es war sicher zu lange. Als er die Gegend erreichte, in der Kooa angeleint war, lief er so schnell, daß er an ihr vorbeischoß. Im ersten Augenblick fürchtete ich, er hielte uns für Rivalen und wolle sofort ins Zelt laufen, um uns aus dem Feld zu schlagen. Aber irgendwie gelang ihm eine Wendung, und sein Tempo verlangsamte sich. Als er dann nur noch drei Meter von Kooa entfernt war, die ihn aufgeregt erwartete, veränderte sich Alberts Verhalten plötzlich. Er blieb starr stehen, senkte den Kopf und verwandelte sich in einen Komiker.

Es war ein peinlicher Anblick. Er legte die Ohren zurück, bis sie flach an seinem breiten Schädel lagen, wedelte mit dem Hinterteil wie ein Welpe, während er zugleich die Zähne zu einer fürchterlichen Grimasse entblößte, die vielleicht Leidenschaft ausdrücken sollte, die jedoch viel eher nach einem Anzeichen von Altersschwachsinn aussah. Außerdem begann er so hoch zu winseln, daß es selbst bei einem Pekinesen lächerlich geklungen hätte.

Koa schien von seinem Verhalten tief verwundert zu sein. Offenbar war sie bisher noch nie auf eine solche Art umworben worden, und sie schien nicht ganz sicher zu sein, wie sie sich verhalten sollte. Mit einem leisen Knurren zog sie sich so weit von Albert zurück, wie es ihre Leine erlaubte. Das versetzte Albert in einen Zustand verzweifelter Erniedrigung. Mit dem Bauch auf der Erde kroch er auf sie zu, während seine Grimasse sich zu einem Ausdruck völliger Idiotie verzog.

Allmählich fing ich an, Kooas Besorgnis zu teilen. Ich fürchtete, der Wolf habe völlig den Verstand verloren, und griff schon zum Gewehr, um Kooa zu beschützen, doch Ootek hielt mich zurück. Er grinste, und es gelang ihm, mir begreiflich zu machen, daß ich mich nicht zu sorgen brauchte, sondern daß sich vom wölfischen Standpunkt aus alles ganz normal entwickelte.

In diesem Augenblick wechselte Albert mit erstaunlicher Schnelligkeit die Methode. Er sprang auf und wurde plötzlich zum herrischen Mann. Sein Nackenfell sträubte sich, bis es seinen Kopf wie ein Silberkranz umgab. Sein Körper straffte sich, bis er schließlich wie aus silbernem Stahl gehauen wirkte. Sein Schwanz hob sich in die Höhe und war endlich fast so geschwungen wie der eines wirklichen Schlittenhundes. Dann verringerte er bedächtig und Schritt um Schritt den Abstand.

Kooa zweifelte nicht mehr. *Dieses* Verhalten verstand sie. Fast schüchtern drehte sie ihm das Hinterteil zu, und als er sie in einer ersten zärtlichen Bewegung beschnupperte, fuhr sie herum und biß ihm spielerisch in die Schulter.

Meine Notizen über den weiteren Vorgang sind zwar sehr ausführlich, doch ich fürchte, sie sind zu technisch und zu sehr mit wissenschaftlichen Ausdrücken gespickt, als daß sie eine Aufnahme in dieses Buch verdienten. Deshalb will ich alles Folgende nur mit der Bemerkung zusammenfassen, daß Albert sich in dem, was er nun zu tun hatte, offensichtlich gut auskannte.

Meine wissenschaftliche Neugier war zwar gestillt, nicht aber Onkel Alberts Leidenschaft. Daraus entwickelte sich jetzt eine äußerst schwierige Lage. Obwohl wir zwei Stunden mit aller Geduld warteten, die wir nur aufbringen konnten, deutete Albert auf keine Weise an, daß er seine neuerworbene Liebste in absehbarer Zeit verlassen wollte. Ootek und ich wollten gern mit Kooa zur

Hütte zurück, und wir konnten nicht ewig warten. Verzweifelt unternahmen wir schließlich einen Ausfall in Richtung auf das verliebte Paar.

Albert behauptete seinen Platz – oder besser gesagt: Er übersah uns völlig. Selbst Ootek schien nicht recht zu wissen, was nun zu tun war, als wir nur noch fünf Meter von dem Paar entfernt standen und Onkel Albert noch immer nicht zu erkennen gab, daß er verschwinden wollte. Dieser Bann wurde erst gebrochen, als ich ein wenig widerstrebend einen Schuß dicht vor Albert in den Boden feuerte.

Der Schuß löste ihn aus seiner Verzauberung. Er sprang hoch in die Luft, jagte zehn Meter davon, fand jedoch schnell seinen Gleichmut wieder und kam Schritt für Schritt auf uns zu. Inzwischen hatten wir die Leine gelöst, und während Ootek die widerstrebende Kooa mit sich zerrte, deckte ich den Rückzug mit dem Gewehr, denn ich wußte nicht, ob Albert Rachegelüste zeigen würde.

Albert blieb immer bei uns. Fünfzehn bis zwanzig Meter hielt er sich hinter oder neben uns auf, doch er verließ uns nicht.

Bei der Hütte versuchten wir nochmals, ihn abzukühlen, indem wir einen Schuß in die Luft feuerten, doch die einzige Wirkung war, daß er sich wenige Meter zurückzog. Es blieb uns offenbar nichts anderes übrig: Wir mußten Kooa über Nacht mit in die Hütte nehmen. Hätten wir sie mit ihren Gefährten angebunden, so hätte sich daraus bestimmt eine königliche Schlacht zwischen den Rüden und Onkel Albert entwickelt.

Es wurde eine furchtbare Nacht. Sobald die Tür sich schloß, stimmte Albert ein Klagelied an. Pausenlos wimmerte und heulte er, Stunde um Stunde. Die anderen Schlittenhunde antworteten mit unsäglichem Radau. Über den Lärm ihrer schrillen Beschimpfungen hinweg schrie Kooa ihrem Geliebten Schwüre unsterblicher Liebe zu. Es war unerträglich. Gegen Morgen drohte Mike, er würde gleich von seinem Gewehr Gebrauch machen, und er meinte es völlig ernst.

Ootek rettete die Lage und damit vermutlich zugleich Onkel Alberts Leben. Er überzeugte Mike, daß alles in Ordnung käme, wenn wir Kooa freiließen. Sie würde bestimmt nicht fortlaufen, versicherte er, sondern mit dem Wolf in der Nähe des Lagers bleiben. Und wenn ihre Läufigkeit vorüber wäre, würde sie heimkehren, und der Wolf würde wieder zu seinesgleichen gehen.

Wie immer hatte er genau recht. In der nächsten Woche sahen wir die beiden Liebenden bisweilen Schulter an Schulter über Hügel wandern. Niemals näherten sie sich der Wolfshöhle oder unserer Hütte. Sie lebten in einer Welt, die nur ihnen gehörte, und sie sahen nichts mehr rundum, weil sie nur noch einander ansahen.

Sie achteten nicht auf uns, doch ich achtete sehr auf sie, und ich war erleichtert, als ich Kooa eines Morgens friedlich an ihrem alten Platz unter den Hunden wiedersah. Sie sah erschöpft, aber befriedigt aus.

Am nächsten Abend stimmte Onkel Albert wieder in den Jagdchor der aufbrechenden Wölfe ein. Aber seine Stimme hatte jetzt einen volleren, selbstzufriedenen Klang, den ich an ihr noch nicht bemerkt hatte. Prahlerei habe ich noch nie leiden mögen. Nicht einmal bei einem Wolf.

16. MORGENDLICHE FLEISCHLIEFERUNG

Seit die Welpen in ihrer neuen Umgebung waren, blieben sie meinen Blicken weitgehend entzogen. Deswegen machte ich mich eines Morgens, ehe Angeline und die beiden Rüden von der nächtlichen Jagd heimkamen, auf den Weg zu einer erhöhten Felsgruppe, die mit spärlichem Buschwerk gekrönt war und von der ich das kleine Tal aus einer Entfernung von kaum dreißig Metern überblicken konnte. Es wehte nur ein sehr schwacher Windhauch aus Nordosten, so daß Wölfe in der Höhle oder auch solche, die sich ihr näherten, meine Witterung nicht leicht aufnehmen konnten. Ich richtete mich zwischen den Büschen ein und spähte das Tal ab, in dem ich mich schon fast zu Hause fühlte.

Das gesamte Gebiet war ungefähr dreißig Meter lang und zehn Meter breit und von Spuren in allen Richtungen durchzogen. Während ich noch diese neue Wohngegend betrachtete, kamen zwei der Welpen aus dem Felsgeröll unterhalb einer Wand der Schlucht hervor und purzelten den Weg zum kleinen Bach hinunter. Am Ufer standen sie nebeneinander, tauchten die kleinen Gesichter ins Wasser und wedelten unaufhörlich mit den stummeligen Schwänzen.

Sie waren ein gutes Stück gewachsen und hatten jetzt etwa die Größe und auch ungefähr die Gestalt ausgewachsener Waldmurmeltiere. So fett waren sie, daß ihre kleinen Beinchen förmlich einzuknicken schienen, und das dicke graue Fell ließ sie noch rundlicher erscheinen. Bisher konnte ich keinen Hinweis an ihnen entdecken, daß sie einmal ebenso schlank und sehnig wie ihre Eltern sein würden.

Ein dritter Welpe tauchte ein Stückchen weiter entfernt auf, und er schleppte den säuberlich abgenagten Schädel eines Karibus mit sich. Er knurrte, als wäre das Tier noch lebendig und äußerst gefährlich. Die Welpen am Bach hörten ihn, hoben die tropfenden Gesichter und liefen dann zu ihm.

Es folgte ein Ringkampf jeder gegen jeden, und die Luft war erfüllt von Welpengefiepe und schrillen Aufschreien, wenn einer der Kleinen die spitzen Zähne in das Bein eines Bruders schlug. Nun tauchte auch der vierte Welpe auf und stürzte sich mit einem jubelnden Aufschrei in das Gemenge.

Nach vier oder fünf Minuten schwebte ein Rabe über das Tal, und sobald sein Schatten an den Welpen vorbeistrich, gaben sie ihren Kampf auf und suchten Deckung. Das gehörte freilich auch nur zum Spiel, denn sie tauchten sofort wieder auf und verrieten keinerlei Angst. Während zwei sofort wieder den Streit um den Knochen aufnahmen, fingen die anderen beiden an, nach Mäusen zu schnüffeln.

Jede Maus, die noch in diesem kleinen Gebiet zurückgeblieben war, führte jetzt sicher ein ungewöhnlich verstecktes Leben. Nachdem sie einige Minuten hier und da geschnüffelt und mehrere Versuche unternommen hatten, Mäuselöcher aufzugraben, gaben die beiden Welpen die Jagd auf und spielten miteinander.

In diesem Augenblick kam Angeline nach Hause.

Ich war so sehr in die Beobachtung der Welpen versunken, daß ich die Mutter erst bemerkte, als sie ganz in meiner Nähe ein tiefes Winseln hören ließ. Auch die Welpen hörten es, und wir alle wandten den Kopf und sahen Angeline am Rand des schluchtartigen Tales auftauchen. Sofort gaben die Kleinen ihre Spiele auf und stimmten ein begeistertes Stimmengewirr an. Einer von ihnen erhob sich sogar auf die Hinterbeine und fuhr mit den Vorderpfoten in freudiger Erwartung durch die Luft.

Angeline betrachtete ihre Jungen einige Sekunden lang, dann sprang sie über den Rand hinweg zum Boden der Schlucht hinunter, und dort wurde sie sofort bedrängt. Sie beschnüffelte jeden Welpen einzeln und warf jeden dabei auf den Rücken, dann zog sie die Schultern ein und begann zu würgen.

Obwohl ich hätte wissen müssen, was jetzt zu erwarten war, dachte ich im ersten Augenblick erschrocken, Angeline hätte Gift gefressen. Aber davon konnte nicht die Rede sein. Nach mehreren würgenden Bewegungen brachte sie etwas hervor, was wie mindestens zehn Pfund teilweise verdauten Fleisches aussah. Dann sprang sie aus dem Weg, legte sich nieder und sah zu, wie die Welpen darüber herfielen.

Diese morgendliche Fleischlieferung verursachte mir zwar ein leises Gefühl der Übelkeit, schien die Jungwölfe hingegen keineswegs zu stören. Mit einmütiger Verfressenheit wateten sie in ihr Frühstück, während Angeline ihnen sehr tolerant zusah und keinen Versuch unternahm, ihre schlechten Tischmanieren zu verbessern.

Als das Frühstück bewältigt und kein einziger Bissen für das Mittagessen zurückgeblieben war, ließen die Welpen sich einfach zu Boden fallen, wo sie gerade standen, und für den Augenblick waren sie offensichtlich zu keiner Teufelei mehr fähig.

Die Schläfrigkeit eines heißen Sommermorgens überkam uns alle. Bald war ich der einzige, der noch wachte, und es fiel mir gar nicht leicht, auch wach zu bleiben. Gar zu gern hätte ich mich ein wenig gereckt, aber ich wagte keine Bewegung, denn ich war den Wölfen zu nahe, und die Stille war so vollkommen, daß die Tiere auch meine geringste Bewegung sofort gehört hätten.

Vielleicht ist es nicht ganz fein, daß ich es überhaupt erwähne, aber es scheint, als wäre ich bei meiner Geburt mit einer Art Echokammer in der Magengegend ausgestattet worden. Wenn ich hungrig bin, manchmal aber auch, wenn ich durchaus keinen Hunger empfinde, macht sich dieser Teil meiner Anatomie selbständig und bringt Geräusche von einer verblüffenden Vielfalt, Lautstärke und Tragweite hervor, die man gehört haben muß, um daran glauben zu können. Ich kann gar nichts dagegen tun, wenn ich auch im Laufe der Jahre eine erhebliche Fertigkeit entwickelt habe, so zu tun, als hätte ich mit diesen Geräuschen gar nichts zu tun und als käme das Gerumpel, das andere hören, jedenfalls nicht von mir.

Der teuflische Trommler in meinen unteren Tiefen beschloß jetzt, seine Arbeit zu tun, und die daraus entstehende Geräuschkulisse rollte durch den Busch wie ferner Donner.

Angeline fuhr auf. Sie hob den Kopf und lauschte gespannt, wenn auch mit einem sehr verwunderten Gesichtsausdruck. Als die Geräusche anhielten, obwohl ich mir alle Mühe gab, sie zu unterdrücken, warf sie einen Blick auf die Welpen, als wollte sie sich vergewissern, daß sie nicht dafür verantwortlich waren, und hob dann den Blick zum wolkenlosen Himmel. Auch er hatte keine Lösung des Geheimnisses anzubieten. Jetzt wurde sie unruhiger und begann, den Geräuschen nachzugehen.

Das war keine leichte Aufgabe, denn solche Bauchgeräusche im allgemeinen und die meinen im besonderen haben eine ausgesprochen täuschende Wirkung. Nachdem Angeline zweimal die Schlucht auf und ab durchwandert hatte, schien sie der Befriedigung ihrer wachsenden Neugier noch nicht nähergekommen zu sein.

Ich wußte nicht, ob ich einen Rückzug versuchen oder meine Stellung behaupten sollte. Schließlich mußte sich mein inneres Orchester ja auch einmal erschöpfen. Das Orchester bewies jedoch, daß es noch voller Schwung war, und brachte einen neuen erderschütternden Geräuschschwall hervor. Augenblicke später tauchte Angeline drei Meter vor mir am Rand der Schlucht auf.

Sekundenlang sahen wir einander in die Augen. Sie war dabei völlig stumm. Ich gab mir alle Mühe, es ebenfalls zu sein, doch ich hatte dabei nur sehr geringen Erfolg. Es war eine ungewöhnlich peinliche Lage. Je besser ich Angeline kennengelernt hatte, desto höher war meine Achtung für sie gestiegen. Ich legte Wert auf ihre gute Meinung und wollte in ihren Augen nicht gern als Narr erscheinen.

Wie ich ihr auch immer erschienen sein mag, ich fühlte mich jedenfalls sehr närrisch. Ihr plötzliches Erscheinen schien meine inneren Musiker zu heftigeren Anstrengungen anzustacheln, und ehe mir noch eine Möglichkeit einfiel, mich gebührend zu entschuldigen, verzog Angeline die Lefzen, entblößte ihre herrlichen weißen Zähne zu einem Ausdruck kalter Verachtung und verschwand.

Ich verließ mein Versteck und lief ihr nach bis zum Rand der Schlucht, doch ich kam zu spät, um mich bei ihr zu entschuldigen. Ich sah nur noch gerade ihren schönen Schwanz im Gewirr der Höhlen auf der anderen Seite der Schlucht verschwinden. Sie trieb ihre Welpen vor sich her.

17. BESUCH AUS EINEM ANDEREN TAL

Obwohl ich meine Wachen am Beobachtungszelt bis in den Juli hinein hielt, konnte ich meine Wolfskenntnisse nicht mehr wesentlich erweitern. Da die Welpen schnell wuchsen und immer größere Nahrungsmengen benötigten, mußten George, Angeline und Albert den weitaus größten Teil ihrer Energie und ihrer Zeit auf weite Jagdausflüge verwenden. Wenn sie für kurze Zeit bei ihrer Höhle waren, schliefen sie zumeist. Das Auftreiben der Nahrung für die Welpen war zur aufreibenden Mühe geworden. Trotzdem konnten sie mich hin und wieder noch überraschen.

Einmal rissen die Wölfe ein Karibu ganz in der Nähe ihrer Behausung, und dieser erhebliche Nahrungsvorrat gab ihnen Gelegenheit, einen Feiertag einzulegen. Sie gingen die ganze Nacht nicht auf Jagd, sondern blieben bei ihrer Höhle und ruhten sich aus.

Der nächste Morgen kam hell und warm, und eine zufriedene Trägheit schien die drei Wölfe befallen zu haben. Angeline lag bequem ausgestreckt auf dem Felsen und überblickte die Sommerwohnung, während George und Albert in warmen Sandmulden am Hang lagen. Während des ganzen Morgens war das einzige Lebenszeichen, das sie von sich gaben, eine gelegentliche Veränderung ihrer Lage, die von einem trägen Blick über die Umgebung begleitet wurde.

Gegen Mittag erhob sich Albert und ging hangabwärts zur Bucht, um seinen Durst zu stillen. Dann jagte er zwei oder drei Stunden lang auf sehr spielerische Weise Fische, ehe er wieder sein Lager aufsuchte. Auf halbem Weg mußte er stehenbleiben und sich erleichtern, und diese Anstrengung schien ihn so sehr zu erschöpfen, daß er den Gedanken aufgab, die Anhöhe wieder zu ersteigen. Er ließ sich nieder, wo er gerade stand. Sofort sank sein Kopf zu Boden, und gleich darauf schlief er fest.

Er war nicht unbeobachtet geblieben. George hatte mit dem Kopf auf den Vorderpfoten gelegen und zugesehen, wie sein Freund mit der Fischerei vorankam. Als Albert in tiefen Schlaf versank, stand George auf. Er reckte sich mit einem gewaltigen Gähnen, und dann schlenderte er scheinbar gelangweilt und sorglos dahin, wo Albert lag. Hin und wieder blieb er stehen und beschnüffelte Grasbüschel oder Mauselöcher, und zweimal setzte er sich, um sich ausgiebig zu kratzen. Dabei ließ er Albert jedoch niemals aus den Augen, und als er bis auf fünfzehn Meter an den schlafenden Wolf herangekommen war, änderte sich sein Verhalten plötzlich.

Fast katzenhaft kroch er Zentimeter um Zentimeter näher an Albert heran, und jede seiner Bewegungen schien ernstliche böse Absichten auszudrücken. Die Spannung wuchs, und ich merkte, wie ich das Teleskop umklammerte, während ich die Lösung erwartete und mich fragte, was wohl zu Georges plötzlicher Veränderung geführt haben mochte. War die vollkommene Harmonie der Familie nun doch gestört? Hatte Albert auf irgendeine Weise die wölfischen Gesetze übertreten und sollte jetzt mit seinem Blut dafür bezahlen? Es sah ganz danach aus.

Mit unendlicher Vorsicht schob George sich immer näher und näher an den arglosen Schläfer heran. Als er nur noch drei Meter von Albert entfernt war, der noch immer nichts von seiner Umwelt wahrnahm, zog George die Hinterbeine unter den Leib, und nachdem er den dramatischen Augenblick lange genug ausgekostet hatte, setzte er zu einem mächtigen Satz an, während er zugleich ein erschreckendes Aufheulen hören ließ.

Der Aufprall eines hundertfünfzigpfündigen Wolfes hätte Albert die Luft aus dem Leib pressen müssen, doch ein wenig Luft war offenbar noch übrig, denn er brachte einen ganz seltsamen Laut hervor, der in meinen Aufzeichnungen bis dahin noch gefehlt hatte. Es war ein sehr hoher, erschrockener Laut, ungefähr so, wie ihn eine Frau von sich geben mag, wenn ihr in der überfüllten Straßenbahn jemand in den verlängerten Rücken kneift.

George sprang zur Seite und lief bereits, während Albert noch auf die Beine kam.

Die folgende Jagd machte den Eindruck tödlichen Ernstes. George jagte den Sandhang hinauf, als wären ihm alle Höllenhunde auf den Fersen, während Albert ihn mit grimmiger und wütender Entschlossenheit verfolgte. Beide jagten hin und her und schlugen Haken und Bogen, und es war zu sehen, daß sie alle Kraft einsetzten.

Als sie an der Sommerhöhle vorbeijagten, schaute Angeline heraus, begriff sofort und beteiligte sich an der Jagd. Die Chancen standen jetzt zwei zu eins gegen George. Er konnte nicht mehr ausweichen, sondern war zu einer geradlinigen Flucht gezwungen, die ihn hangabwärts, über das Moor und dann am Ufer der Bucht entlang führte.

Dort, wo die Bucht am weitesten in das Land einschnitt, lag ein riesiger, gespaltener Felsen. George schoß durch die schmale Spalte, schwang dann so schnell herum, daß Sand und Steine unter seinen Pfoten aufstoben, und umkreiste dann den Felsen gerade rechtzeitig, daß er Angeline überraschend von der Flanke her angreifen konnte. Er zögerte nicht, sondern lief ihr mit aller Kraft in die Rippen, daß sie umfiel und auf der Flanke fünf, sechs Meter weit rutschte.

Einer der Verfolger war nun vorübergehend außer Gefecht, doch George hatte seinen Vorsprung verloren. Ehe er weiterlaufen konnte, war Albert über ihm. Beide stürzten gemeinsam zu Boden und lieferten sich einen Nahkampf. Inzwischen war auch Angeline wieder auf den Beinen und mischte sich ein.

Der Kampf endete so jäh, wie er begonnen hatte. Die drei Wölfe trennten sich, schüttelten sich, stießen schnüffelnd die Nasen aneinander, wedelten heftig und trotteten gemächlich zu ihrer Höhle zurück. Es war ihnen deutlich anzusehen, daß sie viel Spaß gehabt hatten.

Solche Streiche spielten die Wölfe sich nur selten, wenn ich auch manchmal beobachten konnte, daß Angeline sich in den Hinterhalt legte, wenn sie George in der Ferne von der Jagd heimkehren sah. Sie versteckte sich dann, und wenn er fast auf ihrer Höhe war, sprang sie ihn an. Er schien immer sehr zu erschrecken, doch das konnte auch gespielt sein, denn in den meisten Fällen mußte ihm sein Geruchssinn ihre Anwesenheit längst verraten haben. War die Überraschung geglückt, dann umarmte Angeline ihren Gefährten mit den Vorderpfoten, legte sich vor ihm mit erhobenem Hinterteil nieder, oder sie lief neben ihm weiter und stieß ihn dabei immer wieder liebevoll mit der Schulter an. Alles zusammen schien eine kleine, sehr private Begrüßungszeremonie darzustellen.

Ein anderes Ereignis im Monat Juli gab mir viel zu denken. Obgleich Angeline jetzt häufig mit den Rüden jagte, lief sie in manchen Nächten auch nicht mit; und in diesen Nächten empfing sie Besucher.

Mitternacht war längst vorüber, und ich schlief in meinem Zelt, als das Geheul eines Wolfes im Süden und nicht allzu weit entfernt mich weckte. Es war ein seltsamer Laut, fast ein wenig gedämpft und ohne jedes Beben in der Stimme. Verschlafen griff ich zum Fernglas und versuchte, den Ursprung dieses Geheuls zu erkunden. Endlich sah ich zwei Wölfe. Beide waren Fremde, und sie saßen an einer Stelle auf meiner Seite der Bucht, genau dem Wolfshügel gegenüber.

Diese Entdeckung ließ mich hellwach werden, denn bisher hatte ich angenommen, das Gebiet eines Wolfes sei für alle seine Artgenossen unter allen Umständen unverletzbar. Ich wußte, daß Angeline daheim war, denn ich hatte sie erst vor kurzer Zeit in der Schlucht verschwinden sehen, und ich war sehr neugierig, wie sie jetzt auf dieses Eindringen reagieren würde.

Als ich mein Fernglas auf die Schlucht richtete (das Teleskop war für nächtliche Beobachtungen weniger gut), war sie bereits aufgetaucht und blickte dorthin, wo die Fremden standen. Sie wirkte sehr wachsam, hielt den Kopf vorgestreckt, die Ohren gespitzt und den Schwanz ausgestreckt wie ein Setter.

Keiner der Wölfe rührte sich, und keiner gab in den nächsten Minuten einen Laut von sich. Dann versuchte einer der Fremden wieder ein fast schüchternes Heulen, wie ich es schon einmal gehört hatte. Angeline reagierte sofort. Langsam wedelte sie mit dem Schwanz, und ihre Haltung entspannte sich sichtlich. Dann trat sie bis an den Rand der Schlucht vor und bellte kurz. Es hörte sich wie das Bellen eines Hundes an.

Nun ist mir zwar bewußt, daß nach allen Büchern Wölfe (und auch Schlittenhunde) niemals bellen. Aber Angelines Bellen war ein Bellen und nichts anderes. Und sobald sie es gehört hatten, standen die beiden fremden Wölfe auf und liefen um die Bucht herum.

Angeline begegnete ihnen ungefähr einen halben Kilometer von der Höhle entfernt. Stocksteif blieb sie stehen und erwartete die Annäherung der anderen, und als die Fremdlinge nur noch fünf Meter von ihr entfernt waren, blieben sie ebenfalls stehen. Ich konnte nichts hören, doch die Schwänze aller drei Wölfe bewegten sich langsam hin und her, und nachdem sie ungefähr eine Minute lang diese Beteuerung freundschaftlicher Gefühle ausgetauscht hatten, trat Angeline vor und beschnüffelte die Fremden.

Wer diese Fremden auch immer sein mochten, offensichtlich waren sie willkommen. Nach der Begrüßungszeremonie strebten die drei Wölfe gemeinsam der Sommerwohnung zu. Am Rand der Schlucht fing einer der Besucher an, mit Angeline zu raufen, doch dieses Spiel ging viel behutsamer vor sich als das zwischen Angeline und George oder George und Onkel Albert.

Der zweite Fremde stieg inzwischen ruhig in die Tiefen der Schlucht hinunter, wo die vier Welpen sein mußten.

Leider konnte ich nicht sehen, was in der Schlucht selbst geschah, doch ganz bestimmt war es nichts, was Angeline beunruhigte, denn nachdem sie das Spiel mit ihrem Freund beendet hatte, trat sie an den Rand der Schlucht, blickte hinunter und wedelte stärker als zuvor.

Die Fremden blieben nicht lange. Nach zwanzig Minuten tauchte der Besucher aus der Schlucht wieder auf. Wieder stießen alle drei Wölfe die Nasen aneinander, dann wandten die Fremden sich ab und liefen den Weg zurück, den sie gekommen waren. Angeline begleitete sie ein Stück und balgte sich dabei erst mit dem einen, dann mit dem anderen. Erst als die Gäste sich von der Bucht abwandten und nach Westen liefen, kehrte Angeline wieder um.

Als ich Ootek erzählte, was ich gesehen hatte, war er durchaus nicht überrascht, sondern er fand nur meine Überraschung unverständlich. Er erklärte: Menschen besuchen ja auch andere Menschen, warum sollen Wölfe dann nicht andere Wölfe besuchen?

Dagegen wußte ich nichts zu sagen.

In diesem Augenblick mischte Mike sich in das Gespräch und bat, ich solle ihm die fremden Wölfe beschreiben. Ich tat es, so gut ich konnte, und er nickte.

«Die werden wohl zum Rudel im Tal dort drüben gehören. Es liegt fünf oder sechs Kilometer weiter südlich», sagte er. «Die habe ich schon oft gesehen. Zwei Wölfinnen, ein Rüde und ein paar

Welpen. Ich glaube, eine der Wölfinnen ist die Mutter von deiner Angeline, die andere ist vielleicht Angelines Schwester. Jedenfalls treffen sich die anderen im Herbst mit deinem Rudel, und dann ziehen sie alle zusammen in den Süden.»

Ein paar Minuten dachte ich über seine Worte nach, dann fragte ich: «Wenn nur eine von diesen beiden Wölfinnen einen Gefährten hat, muß die andere doch noch eine Jungfrau sein. Welche von den beiden ist es deiner Meinung nach?»

Er sah mich lange und nachdenklich an. «Hör zu», sagte er dann. «Wann willst du eigentlich hier verschwinden und wieder nach Hause gehen, wie? Ich glaube, du bist schon viel zu lange hier!»

18. FAMILIENLEBEN

Mitte Juli fand ich es an der Zeit, meine Rolle als unbeweglicher Beobachter aufzugeben und mich ernsthaft dem Studium der Jagdgewohnheiten der Wölfe zu widmen.

Diese Entscheidung wurde dadurch beschleunigt, daß ich zufällig meinen so lange vernachlässigten Arbeitsplan wiederfand, der seit einigen Wochen unter einem Haufen schmutziger Socken gelegen hatte. Ich hatte nicht nur meine Anweisung, sondern auch ganz Ottawa schon beinahe vergessen. Als ich jetzt aber meinen so peinlich genau aufgestellten Arbeitsplan wieder durchblätterte, stellte ich fest, daß ich mich einer Pflichtverletzung schuldig gemacht hatte.

Meine Anweisung verlangte klar und deutlich, daß meine Aufgabe darin bestünde, zunächst einen Überblick über die Anzahl der in meinem Gebiet vorhandenen Wölfe zu gewinnen, und danach sollte ich mich besonders eingehend mit dem Verhältnis zwischen Wölfen und Karibus beschäftigen. Das Studium des Wesens und der sozialen Beziehungen des Wolfes lag völlig außerhalb meiner eigentlichen Arbeit, und so brach ich eines Morgens mein Zelt ab, packte mein Teleskop ein und schloß meinen Beobachtungsposten.

Am nächsten Tag verstauten Ootek und ich eine Campingausrüstung an Bord des Kanus, und dann brachen wir zu einem langen Ausflug durch die Tundraebenen im Norden auf.

In den folgenden Wochen legten wir Hunderte von Kilometern zurück und sammelten zahlreiche Informationen über die Bevölkerungszahl an Wölfen und über die Karibu-Wolf-Beziehungen, und wir gewannen zusätzlich manche weitere Einsicht, die zwar nicht in den Forschungsauftrag paßte, aber doch auch nicht völlig unberücksichtigt bleiben konnte.

Die zuständigen Behörden hatten bereits eine halbamtliche Schätzung der Wolfszahl nach den Angaben aus den üblichen Trapper- und Pelzhändlerquellen vorgenommen, und die dort angegebene Zahl belief sich auf 30000 Wölfe in Keewatin. Selbst meine gebrechlichen mathematischen Kenntnisse erlaubten mir die Rechnung, daß danach ein Wolf auf jeweils fünfzehn Quadratkilometer entfallen mußte. Wenn man dann noch berücksichtigte, daß etwa ein Drittel der Tundraebenen unter Wasser lagen, während ein weiteres Drittel aus ausschließlich felsigem Boden bestand, auf dem weder Wolf noch Karibu noch irgendein anderes Tier Lebensunterhalt finden konnten, stieg die Dichte: auf einen Wolf kamen fünf Quadratkilometer. Eine ziemlich dichte Besiedlung, wie ich fand. Hätte diese Angabe der Wahrheit entsprochen, wären Ootek und ich wohl nicht so gut vorangekommen, weil wir fast auf Schritt und Tritt über Wölfe gestolpert wären.

Zum Unglück für die Theoretiker stellten wir fest, daß die Wölfe sehr weit verstreut lebten, und zwar immer in den üblichen Familiengruppen, von denen jede ein Gebiet von zweihundertfünfzig bis achthundert Quadratkilometer beherrschte, wenn auch diese Wohndichte durchaus nicht überall gleich war. Einmal entdeckten wir eine Stelle, an der zwei Wolfsfamilien weniger als einen Kilometer voneinander entfernt hausten, und Ootek erzählte mir, er habe einmal drei Wölfinnen, von denen jede einen Wurf Welpen zu versorgen hatte, in drei nur wenige Meter auseinanderliegenden Höhlen am Kazan-Fluß gesehen. Andererseits fuhren wir einmal drei Tage lang durch ein scheinbar hervorragendes Wolfsgebiet am Thlewiaza und sahen niemals auch nur eine Spur oder ein Haar von einem Wolf. Widerstrebend und im vollen Bewußtsein der Tatsache, daß ich mich dadurch bei meinen Auftraggebern bestimmt nicht beliebt machte, mußte ich die Schätzung hinsichtlich der Zahl der Wölfe auf 3000 kürzen, und selbst damit machte ich mich wahrscheinlich noch einer erheblichen Übertreibung schuldig.

Die Familien, denen wir begegneten, waren in ihrem Umfang sehr verschieden. Manche umfaßten nur ein Wolfspaar mit drei Welpen, andere sieben ausgewachsene und zehn junge Wölfe. Da es mit einer einzigen Ausnahme in jedem Falle überzählige ausgewachsene Tiere gab und da ich über ihre jeweilige Stellung in der

Familie nichts erfahren konnte, wenn ich sie tötete (wodurch ich lediglich Alter und Geschlecht hätte feststellen können), griff ich wiederum auf Ooteks Aussagen zurück.

Er sagte, die weiblichen Tiere vermehrten sich erst im Alter von zwei, die männlichen sogar erst im Alter von drei Jahren. Bis dahin bleiben die meisten Jungtiere bei ihren Eltern. Aber selbst wenn sie das Alter erreicht haben, in dem sie eine eigene Familie gründen könnten, werden sie oft durch den Umstand davon abgehalten, daß es zu wenige geeignete Wohngebiete gibt. Es gibt einfach nicht so viele Jagdgründe, daß jede Wölfin einen Wurf aufziehen könnte. Da eine übergroße Zahl von Wölfen schnell dazu führen könnte, daß es nicht mehr genug Beuteltiere für sie gäbe und die Wölfe deshalb darben müßten, sind sie gezwungen, Geburtenkontrolle durch Enthaltung auszuüben. So müssen manche erwachsene Wölfe jahrelang ledig bleiben, bis ein Jagdgebiet frei wird. Da aber die Zeit dringender sexueller Wünsche nur kurz ist und nur ungefähr drei Wochen im Jahr umfaßt, macht die Entbehrung diesen Junggesellen und alten Jungfern vermutlich nicht allzusehr zu schaffen. Außerdem wird ihr Wunsch nach Häuslichkeit und Gemeinschaft durch ihr Untermieterdasein mit Familienanschluß durchaus erfüllt. Ootek war überzeugt, daß manche Wölfe die Rolle als «Onkel» oder «Tante» sogar bevorzugten, da sie auf diese Weise die Freuden der Kindererziehung erlebten, ohne die volle Verantwortung der Elternschaft auf sich nehmen zu müssen.

Alte Wölfe, vor allem diejenigen, die ihre Gefährten verloren hatten, blieben im allgemeinen ledig. Ootek erzählte mir, er sei sechzehn Jahre lang hintereinander einem Wolf begegnet, der in einer Zeitspanne von sechs Jahren jeweils einen Wurf zu versorgen hatte. Im siebenten Jahr verschwand seine Gefährtin. Wahrscheinlich war sie von Jägern im Süden vergiftet worden. Im nächsten Frühling war der Wolf wieder in seiner alten Höhle, und dort wurde zwar auch in diesem Jahr ein Wurf Welpen aufgezogen, doch er gehörte einem anderen Paar. Vielleicht handelte es sich dabei um Sohn und Schwiegertochter des alten Wolfs, meinte Ootek. Jedenfalls blieb der Wolf für den Rest seines Lebens in dieser Höhle als überzähliges Tier, wirkte aber an der Ernährung der Welpen tatkräftig mit.

Abgesehen von der Tatsache, daß nur eine bestimmte Zahl von Wohnstätten für Wölfe vorhanden war, wurde ein übermäßiges

Steigen ihrer Anzahl vermutlich auch durch eine Art natürlicher Geburtenkontrolle verhindert. So läßt sich beobachten, daß in Jahren, in denen es reichlich Beuteltiere gibt, die Wölfinnen sehr große Würfe zur Welt bringen, die manchmal bis zu acht Tiere umfassen. Sind die Wölfe zu zahlreich geworden oder ist die Verpflegung knapp, sinkt die Zahl der Jungtiere in einem Wurf auf zwei oder gar ein einziges. Das läßt sich auch bei einer Reihe anderer Tiere in der Arktis beobachten, wie etwa bei bestimmten Falkenarten. In Jahren, in denen es viele kleine Säugetiere gibt, gehören fünf oder sechs Eier zu einem Gelege, sind Mäuse und Lemminge aber selten, so legen Falkenweibchen nur ein einziges Ei, oder sie brüten gar nicht.

Epidemien sorgen zusätzlich dafür, daß die Zahl der Wölfe nicht so groß wird, weil die Tiere keine Nahrung mehr finden können. Wenn in seltenen Fällen dieses Gleichgewicht einmal gestört ist, was man dann häufig auf die Einmischung des Menschen zurückführen kann, und die Wölfe zu zahlreich werden, werden sie bald körperlich schwach, da es ihnen an Nahrung mangelt. Dann zeigen sich unter den geschwächten Wölfen regelmäßig Epidemien, die ihre Anzahl schnell so weit herabdrücken, daß ein Überleben wieder möglich wird.

In der kanadischen Arktis sind die Lemminge die Tiere, auf deren übergroße Anzahl alle vier Jahre ein Bevölkerungsabfall bis nahe zur Nullgrenze folgt. Im Jahr 1946 hatten sie wieder einmal diesen tiefsten Bevölkerungsstand erreicht. Zufällig wählten die Karibuherden gerade dieses Jahr, um ihre seit Jahren eingewurzelten Wanderwege und -gewohnheiten zu verändern, und die meisten von ihnen zogen am mittleren Keewatin vorüber. Es war eine entsetzliche Zeit für Eskimos, Wölfe und Füchse. Der Hunger lag schwer über dem Land. Die darbenden Füchse wurden von einer Seuche befallen, und auch die Wölfe wurden krank. Sie waren vom Tollwutvirus befallen.

Nun werden tollwütige Tiere keineswegs «toll» im üblichen Sinne des Wortes. Ihr Nervensystem wird so beeinflußt, daß sie unruhig und unberechenbar werden, und sie verlieren zugleich den Schutz, den ihnen sonst das Gefühl der Angst gewährt. Tollwütige Wölfe laufen bisweilen blindlings in fahrende Autos und Züge hinein. Sie sind schon mitten in ganze Schlittenhundmeuten hineingewankt und sind dann zerrisssen worden. Häufig sind sie auch schon in Dorfstraßen und sogar in von Menschen bewohnte Zelte und Häuser eingedrungen. Solche todkranken Wölfe sind bemitleidenswert, doch die Menschen reagieren zumeist mit unbegründetem Entsetzen – und zwar nicht vor der Krankheit, denn sie wird nur selten als Tollwut erkannt, sondern vor den Wölfen selbst. Groteske Dinge ereignen sich dann und tragen dazu bei, das Märchen vom verschlagenen und gefährlichen Wolf am Leben zu erhalten.

Während der Tollwutepidemie des Jahres 1946 tauchte ein solcher kranker Wolf auch in Churchill auf. Er kreuzte den Weg eines Korporals der Armee, der gerade nach einer langen Sitzung in der Kneipe zur Kaserne zurückwankte. Der Korporal erzählte später, ein riesiger Wolf habe ihn in mörderischer Absicht angesprungen, und nur weil er die zwei Kilometer zur Kaserne um sein Leben gerannt sei, habe er seine Haut retten können. Zwar zeugte nicht der geringste Kratzer von dem angeblichen Kampf mit der Bestie, doch seine seelischen Wunden waren deutlich erkennbar. Sein Bericht versetzte die gesamte Belegschaft der Kaserne in Aufregung. Amerikanische und kanadische Einheiten wurden aufgeboten, und bald durchquerten zahllose Männer mit grimmigen Gesichtern, Gewehren, Revolvern und Scheinwerfern die ganze Umgebung. Sie waren finster entschlossen, eine Gefahr abzuwenden, die innerhalb weniger Stunden zu einer ganzen Sammlung darbender Wolfsrudel angewachsen war.

In der folgenden Aufregung wurden elf Schlittenhunde, ein amerikanischer Gefreiter und ein Indianer, der sich noch spät auf dem Heimweg befand, zu Opfern – nicht etwa des Wolfes, sondern der Rächer.

Zwei Tage blieben Frauen und Kinder in den Häusern. Soldaten zu Fuß gab es nicht mehr. Wer sich fortbewegen mußte, tat es entweder mit dem Jeep, wobei er dann immer gut bewaffnet war, oder er ließ es lieber ganz bleiben.

Ein leichtes Armeeflugzeug, das sich an der Jagd beteiligte, sah am zweiten Tag einen Wolf, und sofort brach eine Abteilung berittener Polizei auf, um ihn endlich zu erledigen. Der Wolf erwies sich allerdings als ein Cocker Spaniel, der dem Leiter der Niederlassung der Hudson's Bay Company gehörte.

Erst am dritten Tag ließ die Panik nach. Am späten Nachmittag sah der Fahrer eines Sechs-Tonnen-Lastwagens, der vom Flughafen ins Lager zurückkehrte, plötzlich ein Fellbündel auf der Straße liegen. Er trat auf die Bremse, konnte den Lastwagen jedoch nicht mehr rechtzeitig anhalten, und der Wolf, der so krank war, daß er sich nicht mehr rühren konnte, fand einen schnellen Tod.

Das Nachspiel war interessant. Bis zum heutigen Tag gibt es Bewohner von Churchill und zweifellos viele ehemalige Soldaten, die jetzt über den ganzen Kontinent verstreut sind, die in lebhaftesten Farben die Belagerung Churchills durch Wolfsrudel im Jahr 1946 schildern. Sie erzählen dabei von geradezu verzweifelten persönlichen Begegnungen, von zerfetzten Frauen und Kindern, von in Fetzen gerissenen Hundegespannen und von einer ganzen Stadt im Zustand der Belagerung. Es fehlt eigentlich nur noch die dramatische Beschreibung eines nordamerikanischen Zwillings einer russischen Troika, die über die vereisten Ebenen dahinjagt und von einem Wolfsrudel überwältigt wird, während die Polarnacht ringsum erfüllt ist vom Krachen menschlicher Knochen, die unter Wolfszähnen zersplittern.

19. NACKT UNTER WÖLFEN

Die Wochen, während derer ich die Tundra durchstreifte, waren sehr idyllisch. Im allgemeinen war das Wetter gut, und das Gefühl der Freiheit, das wir aus dem grenzenlosen Land gewannen, war so anregend wie das ungewöhnliche Leben, das wir führten.

Wenn wir uns im Gebiet einer neuen Wolfsfamilie befanden, schlugen wir unser Lager auf und durchforschten die Gegend so lange, wie wir brauchten, um die Bekanntschaft der Wölfe zu machen.

Trotz der Unermeßlichkeit des Landes waren wir niemals einsam, denn immer waren die Karibus bei uns. Mit den zu ihnen gehörenden Schwärmen von Heringsmöwen und Raben belebten sie das Land, das sonst sicherlich einen recht toten Eindruck gemacht hätte.

Dieses Land gehörte den Rentieren, den Wölfen, den Vögeln und dem kleineren Getier. Wir zwei waren nur zufällige und unwichtige Eindringlinge. Der Mensch hatte niemals dieses Tundragebiet beherrscht. Selbst die Eskimos, deren Land es einst gewesen war, hatten in völliger Harmonie mit dieser Landschaft gelebt. Jetzt waren die Inland-Eskimos fast verschwunden. Die kleine Gruppe von 40 Seelen, zu der Ootek gehörte, war die allerletzte, doch sie wurde förmlich von der weiten Wildnis verschlungen.

Nur ein einziges Mal begegneten wir anderen Menschen. Eines Morgens kamen wir bald nach unserem Aufbruch um eine Flußbiegung, als Ootek plötzlich die Paddel hob und einen Schrei ausstieß.

Am Ufer dicht vor uns stand ein niedriges Zelt aus Tierhäuten.

Auf Ooteks Ruf hin kamen zwei Männer, eine Frau und drei halbwüchsige Jungen aus dem Zelt, liefen zum Wasser und sahen uns entgegen.

Wir legten an, und Ootek machte mich mit einer Familie seines Stammes bekannt. Den ganzen Nachmittag saßen wir beisammen, tranken Tee, schwatzten, lachten und sangen, und dabei aßen wir wahre Berge von Karibufleisch. Als es Zeit zum Schlafengehen war, erzählte mir Ootek, die Familie habe ihr Zelt gerade an dieser Stelle aufgeschlagen, um den Karibus auflauern zu können, die an einer einige Kilometer abwärts gelegenen Flußenge das Wasser überquerten. In kleinen Ein-Mann-Kajaks und mit kurzen Speeren hofften die Männer, so viele fette Karibus zu erlegen, daß ihnen das Fleisch über den Winter hinweghalf. Ootek wollte sehr gern an dieser Jagd teilnehmen, und er hoffte, ich würde nichts dagegen haben, daß er einige Tage als Helfer bei seinen Freunden blieb.

Ich hatte keine Einwände, und am nächsten Morgen brachen die drei Eskimos auf, und ich blieb zurück und genoß einen herrlichen Augusttag.

Die Zeit der Stechmückenschwärme war vorbei. Da es heiß und windstill war, beschloß ich, das gute Wetter zu nutzen, um ein wenig zu schwimmen und mir die Sonne auf die bleiche Haut brennen zu lassen. Also entfernte ich mich ein paar hundert Meter vom Lager der Eskimos – denn die Schamhaftigkeit ist die Errungenschaft der Zivilisation, die der Mensch in der Wildnis zuletzt ablegt –, zog mich aus, schwamm eine Weile und legte mich dann zum Sonnenbaden ans Ufer.

Wie ein Wolf hob ich hin und wieder den Kopf und blickte mich nach allen Seiten um, und gegen Mittag sah ich, daß ein Wolfsrudel eine Anhöhe im Norden überquerte.

Es waren drei Wölfe, einer von ihnen war weiß, doch die anderen beiden fast schwarz – und das ist eine sehr seltene Färbung. Alle waren ausgewachsene Tiere, doch der eine schwarze Wolf wirkte etwas kleiner und leichter als die anderen. Vermutlich war es ein weibliches Tier.

Ich war in einer mißlichen Lage. Meine Kleider lagen ein Stück entfernt, und ich hatte nur meine Gummischuhe und mein Fernglas bei mir. Ging ich jetzt erst zu meinen Kleidern zurück, so konnte ich die Spur der Wölfe verlieren. Aber wer brauchte an einem solchen Tag Kleider? Die Wölfe waren jetzt hinter der nächsten Anhöhe verschwunden, also griff ich mein Fernglas und nahm die Verfolgung auf.

Die Landschaft bot einen beständigen Wechsel niedriger Hügel und flacher Täler, die mit Gras bewachsen waren und in denen Karibus friedlich grasend langsam südwärts zogen. Für mich war es ein ideales Gelände, denn ich konnte immer von den Hügeln aus beobachten, wie die Wölfe das nächste Tal durchquerten. Verlor ich sie hinter einer Anhöhe aus den Augen, brauchte ich ihnen nur schnell nachzulaufen, blieb für sie dabei unsichtbar und konnte sie dann vom nächsten Hügel aus wieder sehen.

Vor Aufregung und Anstrengung schwitzend, erklomm ich den ersten nördlichen Hügel und erwartete, ein lebhaftes Durcheinander zu sehen, wenn die drei Wölfe plötzlich zwischen den grasenden Karibus auftauchten. Aber ich wurde enttäuscht, denn vor mir bot sich ein völlig friedliches Bild. Ungefähr 50 Rentiere waren in kleinen Gruppen von drei bis zu zehn Tieren zu sehen, und alle grasten ruhig. Die Wölfe schlenderten durch das Tal, als interessierten die Karibus sie nicht mehr als die Felsen. Die Karibus schienen ihrerseits keinerlei Gefahr zu argwöhnen.

Die ganze Szene stimmte nicht. Hier waren ausgewachsene Wölfe und ringsum Rentiere, doch obgleich jede dieser Gruppen sich der Gegenwart der anderen offenbar bewußt war, schien niemand besorgt oder auch nur sonderlich interessiert zu sein.

Ungläubig sah ich zu, wie die drei Wölfe kaum fünfzig Meter an drei jungen Karibus vorbeizogen, die am Boden lagen und friedlich kauten. Die Karibus wandten den Kopf und sahen die Wölfe vorüberziehen, standen jedoch nicht auf, und ihre Kiefer hörten nicht auf zu arbeiten. Ihre Nichtachtung der Wölfe war ungemein eindrucksvoll.

Die gingen zwischen zwei kleinen grasenden Gruppen hindurch, beachteten sie nicht und wurden von ihnen nicht beachtet. Meine Verwirrung wuchs, als die Wölfe einen Hang erstiegen und hinter der nächsten Anhöhe verschwanden. Ich sprang auf, um ihnen zu folgen, und die beiden Rentiere, die in der Gegenwart der Wölfe gleichgültig geblieben waren, sprangen auf die Beine und starrten mich großäugig staunend an. Als ich an ihnen vorbeilief, streckten sie die Hälse, schnaubten ungläubig, wandten sich dann um und jagten davon, als würden sie von tausend Teufeln verfolgt. Es kam mir ungerecht vor, daß sie vor mir so sehr erschraken, während sie die Wölfe nur hochmütig betrachtet hatten. Ich tröstete mich mit dem Gedanken, daß sie vermutlich nicht mit dem Anblick eines weißen, leicht rosig gefärbten und nur mit Gummischuhen und einem Fernglas bekleideten Mannes vertraut waren, der wie wild durch die Landschaft lief.

Auf der nächsten Anhöhe hätte ich die Wölfe beinahe umgelaufen. Sie hatten sich am Vorderhang versammelt und unterhielten sich unter unaufhörlichem Nasestupsen und Schwanzwedeln. Ich warf mich hinter ein paar Felsbrocken nieder und wartete. Nach einigen Minuten zog der weiße Wolf wieder los, und die anderen folgten ihm. Sie hatten es nicht eilig, und jeder trödelte ein wenig vor sich hin, während sie in das nächste Tal hinabstiegen, in dem sehr viele Karibus grasten. Mehrmals blieb der eine oder der andere Wolf stehen, um ein Grasbüschel zu beschnüffeln, oder er wich ein wenig seitwärts von den anderen ab, um selbständig etwas zu untersuchen. Als sie das Tal erreichten, waren sie zwar alle auf gleicher Höhe, doch ungefähr dreißig Meter voneinander entfernt, und in dieser Reihe durchstreiften sie jetzt die Talsohle.

Nur die Karibus unmittelbar vor den Wölfen zeigten eine merkliche Reaktion. Wenn ein Wolf fünfzig oder sechzig Meter vor einem Karibu auftauchte, richtete es sich auf, schnaubte und sprang dann zu einer der Seiten der vorrückenden Reihe. Manche von ihnen blieben schon nach wenigen Metern wieder stehen, sahen sich um und beobachteten mit geringem Interesse, wie die Wölfe vorüberzogen. Die meisten aber grasten weiter, ohne noch einen Blick auf die Wölfe zu werfen.

Innerhalb einer Stunde hatten die Wölfe und ich fünf oder sechs Kilometer zurückgelegt und waren dabei sehr dicht an ungefähr vierhundert Karibus vorbeigekommen. In jedem Falle war die Reaktion der Rentiere gleich gewesen. Sie zeigten keinerlei Interesse, solange die Wölfe in einer vernünftigen Entfernung blieben, beiläufiges Interesse, wenn die Wölfe zu nahe kamen, und sie wendeten eine Ausweichtaktik an, wenn ein Zusammenstoß drohte. Es hatte keine Flucht und keine Panik gegeben.

Bis zu diesem Zeitpunkt waren die meisten Tiere, denen wir begegnet waren, männliche Karibus gewesen, jetzt aber begegneten wir auch vielen Muttertieren mit ihren Jungen, und jetzt änderte sich das Verhalten der Wölfe.

Einer von ihnen sprang ein Jungtier aus einem Versteck in einem

Weidengestrüpp an. Das Tier tauchte kaum zwanzig Meter vor dem Wolf auf. Er blieb einen Augenblick stehen und beobachtete es, dann nahm er die Verfolgung auf. Mein Herz klopfte stürmisch, denn ich glaubte, ich würde nun endlich einmal sehen, wie ein Wolf ein Karibu tötete.

Aber es sollte nicht sein. Der Wolf lief ungefähr fünfzig Meter weit mit aller Kraft, ohne den Abstand zum verfolgten Tier nennenswert zu verringern. Dann brach er die Verfolgung plötzlich ab und kehrte zu seinen Gefährten zurück.

Ich traute meinen Augen kaum. Eigentlich hätte das Jungtier verloren sein müssen, und es wäre das ganz bestimmt gewesen, wenn die Wölfe auch nur den zehnten Teil ihres Rufes verdienten. Aber im Laufe der nächsten Stunden wurden mindestens ein Dutzend solcher Angriffe von einzelnen Wölfen gegen Jungtiere unternommen, und *in jedem Fall wurde die Jagd wieder abgebrochen, als sie noch kaum begonnen hatte.*

Ich war fast verzweifelt. Schließlich war ich nicht zehn Kilometer durch das Gelände gelaufen und hatte mich ziemlich erschöpft, nur um zu sehen, wie ein paar Wölfe hier die Narren spielten.

Als die Wölfe das nächste Tal verließen und über die folgende Anhöhe zogen, lief ich ihnen voller Zorn nach. Ich bin nicht ganz sicher, was ich mir in den Kopf gesetzt hatte. Vielleicht hatte ich mir vorgenommen, selbst ein junges Karibu zu jagen, nur um diesen unfähigen Biestern zu zeigen, wie es gemacht wurde. Jedenfalls stürmte ich über die nächste Anhöhe – und stand mitten unter Wölfen.

Vermutlich waren sie stehengeblieben, weil sie ein wenig Atem schöpfen wollten, und jetzt platzte ich zwischen sie wie eine Bombe. Die Gruppe fuhr auseinander. Wölfe jagten mit angelegten Ohren und gereckten Schwänzen in alle Richtungen davon. Sie liefen voller Angst, und da sie jetzt zwischen den Karibuherden dahineilten, reagierten auch sie endlich, und die wilde Flucht einer großen Herde, die ich den ganzen Nachmittag über hatte sehen wollen, ereignete sich endlich. Nur – und ich begriff diese Tatsache mit einiger Bitterkeit –, nicht die Wölfe waren für diese Flucht verantwortlich, sondern ich allein war es.

Ich gab auf und ging heimwärts. Als ich noch ein paar Kilometer vom Lager entfernt war, sah ich ein paar Gestalten gelaufen kommen. Es waren die Eskimofrau und ihre drei Söhne. Irgend etwas schien sie sehr zu beunruhigen. Alle schrien, und die Frau schwang ein zwei Meter langes Messer, während ihre Sprößlinge kurze Speere und Messer in den Händen hielten.

Ich blieb verwirrt stehen. Zum erstenmal wurde mir mein Zustand peinlich bewußt. Ich war nicht nur unbewaffnet, sondern auch splitternackt. Einen Angriff, der unmittelbar bevorzustehen schien, konnte ich nicht abwehren, und ich hatte auch keine Ahnung, was die Eskimos zu einem so kriegerischen Verhalten bewegt haben mochte. Ausweichen schien die beste Lösung zu sein, und so strengte ich meine müden Muskeln an, um an den Eskimos vorbeizulaufen. Es gelang mir, doch die Eskimos nahmen den Wettlauf auf und verfolgten mich bis zum Lager, wo ich in meine Hosen stieg, das Gewehr ergriff und mich darauf vorbereitete, mein Leben so teuer wie möglich zu verkaufen. Zum Glück kamen Ootek und die anderen Männer gerade heim.

Etwas später, als alles sich wieder beruhigt hatte, erklärte Ootek die Lage. Einer der Jungen hatte Beeren gepflückt und gesehen, daß ich nackt über die Hügel hinweg den Wölfen nachlief. Mit Augen, die vor Staunen ganz rund waren, war er zu seiner Mutter gelaufen und hatte ihr berichtet. Daraufhin hatte die tapfere Seele vermutet, ich müsse wohl den Verstand verloren haben, wie Eskimos überhaupt annehmen, die meisten weißen Männer hätten dabei nicht viel zu verlieren, und ich hätte mir in den Kopf gesetzt, mit bloßen Händen ein Wolfsrudel anzugreifen. Sie hatte ihre Söhne zusammengerufen, sie mit allen Waffen ausgerüstet, die gerade greifbar waren, und war dann in aller Eile aufgebrochen, um mich zu retten.

Während des Restes meines Aufenthalts behandelte die gute Frau mich mit einer Mischung aus Anteilnahme und Mißtrauen, und ich war froh, als ich mich endlich von ihr verabschieden konnte. Ich fand auch die Bemerkung gar nicht sehr lustig, die Ootek machte, als wir wieder auf dem Fluß entlangglitten und das kleine Lager hinter einer Biegung verschwand.

«Zu schade», sagte er ernst, «daß du deine Hose ausgezogen hast. Ich glaube, sie mag dich lieber, wenn du sie anbehältst.»

20. IM FREUND IST DER WURM DRIN

Ich befragte Ootek nach dem scheinbar unerklärlichen Verhalten der Wölfe, die ich vom Eskimolager aus verfolgt hatte, und in seiner geduldigen und freundlichen Art, klärte er mich auf.

Zunächst einmal könne ein gesundes ausgewachsenes Karibu einem Wolf mühelos davonlaufen, und auch ein dreiwöchiges Rentier sei nur von äußerst flinken Wölfen zu erlegen. Die Karibus kennten diese Sachlage genau und wüßten deshalb, daß sie unter normalen Umständen von Wölfen nichts zu befürchten hätten. Auch die Wölfe wüßten Bescheid, und als intelligente Tiere versuchten sie deshalb selten, ein gesundes Karibu zu verfolgen, da sie wüßten, daß es eine sinnlose Kraftverschwendung wäre.

Nach Ooteks Meinung erprobten die Wölfe statt dessen den Gesundheitszustand der Tiere, um eines herauszufinden, das der Verfolgung nicht entgehen könnte. Gab es viele Karibus, so ging diese Prüfung so vonstatten, daß die ganze Herde zur Flucht getrieben wurde, bis sich herausstellte, ob ein krankes, verletztes oder sonst minderwertiges Tier dazugehörte. Wurde ein solches Tier festgestellt, so versuchten die Wölfe, es zu erlegen. Gab es aber kein schwaches Tier in der Herde, gaben die Wölfe die Jagd sehr bald wieder auf und suchten nach der nächsten Herde.

Waren Karibus schwer zu finden, so wurden verschiedene Techniken angewendet. Mehrere Wölfe trieben dann manchmal eine kleine Karibuherde in gemeinsamer Anstrengung in einen Hinterhalt, in dem andere Wölfe lauerten. Waren die Karibus sehr selten, wurde auch bisweilen eine Art Staffelsystem angewandt. Dabei trieb ein Wolf ein Karibu vor sich her bis zu einem nächsten Wolf, der in einiger Entfernung wartete und dann seinerseits die Verfolgung aufnahm. Durch solche Techniken wurden die natürlichen Vorzüge der Karibus selbstverständlich vermindert, aber es war immerhin doch meistens das schmächtigste oder zumindest das untüchtigste Tier, das den Wölfen endlich erlag.

«Es ist genauso, wie ich es dir schon gesagt habe», sagte Ootek. «Das Karibu nährt den Wolf, aber der Wolf hält die Karibus stark und gesund. Wenn es den Wolf nicht gäbe, dann gäbe es auch bald keine Karibus mehr, denn sie würden aussterben, wenn Schwäche und Krankheiten sich unter ihnen ausbreiteten.»

Ootek betonte auch, daß die Wölfe, sobald sie ein Tier gerissen hätten, nicht mehr weiterjagten. Erst wenn ihr Vorrat völlig erschöpft war, trieb sie der Hunger zu einer neuen Jagd.

Für jemanden, der bisher immer nur gehört hatte, die Wölfe könnten so ziemlich alles fangen und würden von ihrer Blutgier zu planlosem Morden getrieben, war das eine wirklich ganz neue Auffassung.

Von den Jagden, die ich später beobachten konnte, folgten fast alle genau dem Muster der ersten, die ich gesehen hatte. Immer trotteten die Jäger, deren Zahl von einem einzigen bis zu acht Tieren reichen konnte, durch die Karibuherden hindurch, die durchaus nicht beeindruckt zu sein schienen, wenn sie ihren «Todfeind» auftauchen sahen. Hin und wieder löste sich ein Wolf, manchmal waren es auch zwei oder drei, aus der Reihe der anderen und nahm die Verfolgung eines vereinzelten Karibus auf, und die Karibus ließen die Wölfe auf ungefähr hundert Meter oder weniger herankommen, ehe sie den Kopf aufwarfen und davongaloppierten. Dann blieben die Wölfe stehen und sahen ihrem Wild nach. Lief das verfolgte Tier gut und war es gut im Futter, wandten die Wölfe sich ab.

Aus diesen Beobachtungen ergab sich für mich allmählich ein deutliches Muster der Auswahl. Nur sehr selten störten Wölfe Herden, die überwiegend aus männlichen Tieren bestanden, denn die Böcke waren in bester Verfassung und hatten den Sommer über nur gefressen und geschlafen. Allerdings waren die Böcke durchaus keine gefährlichen Gegner, denn ihre breiten Geweihe sind als Waffe nutzlos. Die Wölfe hatten nur keinerlei Aussicht, einen Wettlauf mit diesen Böcken zu bestehen.

Herden mit Muttertieren und ihren Jungen waren für die Wölfe weit interessanter, denn der Anteil an schwächlichen, mißgebildeten oder schwachen Tieren ist naturgemäß bei den sehr jungen Tieren größer, weil sie noch keiner langen und harten natürlichen Auslese ausgesetzt waren.

Auch Gruppen von alten weiblichen Tieren waren ein beliebtes Angriffsziel. Manchmal wurde eine solche alte und schwache Kuh inmitten einer gesunden Herde verborgen, doch die Wölfe, die offenbar die Karibus fast so gut kannten wie sich selbst, entdeckten ein solches Tier unweigerlich in einer Herde, das für meine Augen durchaus gesund und stark erschien.

Jungtiere wurden oft sehr viel strenger geprüft als erwachsene, und ein Wolf jagte sie manchmal bis 300 Meter weit. Hatte das Tier aber auf dieser Strecke keine Anzeichen der Erschöpfung erkennen lassen, wurde die Jagd im allgemeinen aufgegeben.

Kraftersparnis schien ein Grundsatz der Wölfe zu sein, und das war sicher sehr vernünftig, denn solche Prüfungen mußten manchmal stundenlang wiederholt werden, ehe die Wölfe ein Tier fanden, das sich als Beute anbot.

War ein solches Tier endlich gefunden, so nahm die Jagd eine neue Form an. Der verfolgende Wolf setzte dann alle Kraft ein, die er während der Proben geschont hatte, und er setzte dem fliehenden Tier mit einer Kraft und Geschwindigkeit nach, die ihn, wenn er Glück hatte, ganz dicht hinter sein Opfer brachte. Das verfolgte Tier schlug endlich entsetzt einen Zickzackkurs ein, und ich hielt dieses Verfahren für sehr unsinnig, denn dadurch konnte der Wolf den Weg abkürzen und noch näher herankommen.

Im Gegensatz zu einem weiteren Wolfsmythos sah ich niemals einen Wolf, der versuchte, ein Rentier von hinten anzuspringen. Immer drängte er erst unter Aufbietung aller Kräfte neben das Karibu und sprang dann nach seiner Schulter. Für gewöhnlich war der Anprall so stark, daß das gehetzte Wild zu Boden stürzte, und ehe es sich noch aufrappeln konnte, packte der Wolf seinen Nakken und zwang es nieder. Dabei mied er sorgfältig die schlagenden Hufe, denn ein einziger wohlgezielter Treffer dieser Hufe konnte einem Wolf leicht den Brustkorb zerschmettern.

Der Tod kam für das unglückliche Opfer meistens sehr schnell und sauber, und ich bezweifle, daß ein solches Rentier mehr leiden muß als ein Schwein, das für den menschlichen Verzehr geschlachtet wird.

Niemals tötet der Wolf zu seinem Vergnügen, und das unterscheidet ihn vielleicht am meisten vom Menschen. Für ihn bedeutet es eine enorme Anstrengung, ein großes Wild zur Strecke zu bringen. Vielleicht muß er die ganze Nacht jagen und dabei sechzig bis siebzig Kilometer zurücklegen, ehe ihm Erfolg beschieden ist, falls er überhaupt welchen hat. Die Jagd ist also zuerst und vor allem schwere Arbeit für ihn. Wenn er dann genug Fleisch für sich und seine Familie hat, ruht er sich lieber aus, spielt und genießt das Beisammensein mit seinesgleichen.

Im Gegensatz zu einer weiteren weitverbreiteten Meinung habe ich niemals erlebt, daß ein Wolf mehr tötete, als er brauchte, selbst wenn sich die Gelegenheit dazu ergab. Ein Tier, das während der Höhlenzeit erlegt wurde, wird immer wieder aufgesucht, bis alles Fleisch verzehrt ist. Wenn viele Möwen, Raben, Füchse oder andere Mitesser in der Nähe sind, zerlegen Wölfe ihre Beute bisweilen und vergraben Teile davon ein gutes Stück von der Stelle entfernt, an der das Wild getötet wurde, um das Fleisch für den eigenen Gebrauch aufzubewahren. Später, wenn die ganze Familie auf Jagd gehen kann, lagern die Wölfe in der Nähe ihres Opfers, bis es gänzlich aufgezehrt ist.

Von den 67 von Wölfen getöteten Karibus, die ich untersuchte, nachdem die Wölfe mit ihnen fertig waren, hatten nur sehr wenige noch mehr zu bieten als Knochen, Sehnen und Fell. In den meisten Fällen waren auch die Knochen zerknackt worden, weil die Wölfe das Knochenmark daraus saugen wollten, und in manchen Fällen war sogar der Schädel aufgebrochen worden, was für einen Wolf eine erhebliche Arbeit bedeutet.

Weiterhin ist interessant, daß die Überreste der Karibus fast immer Zeugnis von Krankheit oder Mißbildung ablegten. Knochenverbildungen waren häufig, und die abgenutzten Zähne in vielen Schädeln bewiesen, daß es sich um sehr alte Tiere gehandelt hatte.

An frischgetötete Tiere, die noch in allen Bestandteilen zu untersuchen gewesen wären, war kaum heranzukommen. In einigen Fällen erreichte ich allerdings Karibus, die gerade erst von Wölfen getötet worden waren, und dann verscheuchte ich die Wölfe, was eigentlich eine unentschuldbare Ungerechtigkeit darstellte. Sie verschwanden dann sehr niedergeschlagen und unglücklich. Manche dieser Tiere waren so von inneren und äußeren Parasiten befallen, daß sie fast so etwas wie lebende Tiergärten waren, die auf jeden Fall sehr bald verendet wären.

Als der Sommer sich dem Ende zuneigte, wurde immer klarer, daß Ooteks These berechtigt war. Für mich war es eindeutig, daß der Wolf eher der Erhalter als der Vernichter der Karibus ist, wenn ich auch durchaus nicht sicher war, ob meine Auftraggeber bereit sein würden, es ebenso anzusehen. Ich brauchte überwältigende Beweise, wenn ich sie überzeugen wollte, und zwar nach Möglichkeit Beweise, die man sehen und anfassen konnte.

Deshalb legte ich nun eine Sammlung der in von Wölfen getöteten Karibus gefundenen Parasiten an. Wie gewöhnlich interessierte sich Ootek sehr für diese neue Richtung meiner Arbeit, doch dieses Interesse erwies sich als sehr kurzlebig.

Bis in die fernsten Vorzeiten hinein waren die Menschen seines Volkes Karibuesser gewesen, und sie lebten überwiegend von rohem oder nur teilweise gekochtem Fleisch, weil der Brennstoff für das Feuer knapp war. Ootek selbst war mit Hilfe von Karibufleisch, das seine Mutter ihm vorgekaut hatte, entwöhnt worden, und dieses Fleisch war nun auch seine hauptsächliche Nahrung, seit er keine Muttermilch mehr trank. Folglich hielt er dieses Fleisch für eine sichere Angelegenheit, und es war ihm niemals in den Sinn gekommen, sein tägliches Brot kritisch zu betrachten. Als er jetzt sah, daß ich aus den verschiedenen Teilen des Karibukörpers eine Vielfalt von Lebewesen und Tausende von Würmern hervorholte, war er äußerst überrascht.

Eines Morgens sah er mit düsterem Interesse zu, wie ich einen besonders von Parasiten befallenen alten Bock zerlegte. Ich versuchte immer, mein Tun zu erklären, damit er den Sinn meiner Studien begreifen konnte, und die Gelegenheit schien mir günstig, ihm etwas über Parasitenbefall zu sagen. Ich holte eine Geschwulst von der Größe eines Golfballs aus der Tierleber und erklärte Ootek, dies sei die unbewegte Form eines Bandwurms, und wenn ein anderer Fleischfresser das äße, entwickelten sich schließlich mehrere bis zu zehn Meter lange Würmer, die sich in den Eingeweiden des neuen Gastgebers schlängelten.

Ootek sah aus, als würde ihm übel.

«Du meinst, wenn ein Wolf es frißt?» fragte er hoffnungsvoll.

«Nahk», entgegnete ich mit meinem wachsenden Eskimo-

Vokabular. «Wölfe, Füchse, auch Menschen. Der Wurm entwikkelt sich überall, wenn auch im Menschen vielleicht nicht ganz so gut.»

Ootek schauderte zusammen und rieb sich seinen Magen, als fühlte er in dieser Gegend etwas Absonderliches.

«Zum Glück esse ich nicht gern Leber», sagte er und war offenbar erleichtert, daß er sich zur rechten Zeit an diese Tatsache erinnert hatte.

«Oh, diese Würmer sind überall im Karibu zu finden», erklärte ich mit der Begeisterung eines Experten, der einen Laien belehrt. «Hier, siehst du diese Stellen im Bauchfleisch? Das sind Überreste von einer anderen Wurmart. Ich weiß nicht genau, ob der sich in Menschen auch entwickeln kann. Aber diese hier» – und damit löste ich einige fadendünne, lange Würmer aus dem Fleisch der zerlegten Lungen –, «die hat man auch schon in Menschen gefunden. Wenn ein Mensch genug davon in sich hat, muß er innerhalb kurzer Zeit ersticken.»

Ootek würgte, und sein mahagonifarbenes Gesicht wurde farblos.

«Jetzt ist es aber genug», sagte er flehend, als er wieder zu Atem gekommen war. «Sag mir nichts mehr! Ich gehe jetzt in das Lager zurück, denke ganz angestrengt an alles mögliche und vergesse, was du mir gesagt hast. Du bist nicht freundlich. Wenn das alles wahr ist, muß ich ja Fische essen wie ein Otter, oder ich muß verhungern. Aber vielleicht ist das wieder nur ein Spaß, wie ihn die Weißen treiben?»

In seiner Frage lag soviel verzweifelte Hoffnung, daß ich mich endlich aus meiner wissenschaftlichen Befangenheit löste und erkannte, was ich diesem Menschen antat. Ich lachte ein wenig gekünstelt.

«*Eema*, Ootek, ich habe nur Spaß gemacht. Und jetzt gehe in das Lager zurück und brate uns ein paar große Steaks. Nur eines noch», trotz allem konnte ich diese Bemerkung nicht zurückhalten, «achte darauf, daß du sie wirklich gut durchbrätst!»

21. SCHULZEIT

Mitte September glühten die Tundraebenen im gedämpften Glanz von Rostrot und Braun, wo der erste Frost den niedrigen Bodenbewuchs angerührt hatte. Die Moorflächen um die Wolfshöhlenbucht wurden von frischen Wegen durchzogen, die die Karibuherden auf ihrem Weg in den Süden traten, und das Wolfsleben veränderte sich wieder.

Die Welpen hatten nun den Sommerbau verlassen, und wenn sie auch mit Angeline und den beiden Rüden auf langen Jagdausflügen noch nicht Schritt halten konnten, nahmen sie doch wenigstens an kürzeren Jagden schon teil. Sie fingen an, ihre Welt zu erkunden, und diese Herbstmonate gehörten sicher zu den glücklichsten ihres Lebens.

Als Ootek und ich nach unserer Fahrt durch die Zentralebenen zur Wolfshöhlenbucht zurückkehrten, stellten wir fest, daß unsere Wolfsfamilie ihr gesamtes Gebiet durchstreifte und die Tage dort verbrachte, wohin die nächtliche Jagd gerade geführt hatte.

Innerhalb der Grenzen, die mir durch meine körperlichen Möglichkeiten und durch menschliche Bedürfnisse gezogen waren, versuchte ich, dieses Wanderleben zu teilen, und auch ich hatte sehr viel Freude daran.

Alle Fliegen waren jetzt verschwunden. Wenn es auch nachts bisweilen Frost gab, wurden die Tage doch von einer hellen Sonne erwärmt.

An einem solchen warmen, sonnenhellen Tag ging ich nördlich vom Höhlenhügel auf der Höhe einer Hügelkette entlang, von der aus man ein weites Tal überblicken konnte, das reich bewachsen war und gern von den Karibus auf ihrem Zug nach Süden benutzt wurde.

Kleine schwarze Flecken hingen am Himmel über dem Tal. Rabenschwärme folgten den Karibuherden. Schneehuhnfamilien schnatterten mich aus dem Buschwerk an. Enten, die schon auf den Aufbruch in ferne Gegenden vorbereitet waren, bevölkerten die Teiche der Tundra.

Unter mir im Tal zog ein Strom Karibus dahin, Herde um Herde, die langsam grasend nach Süden strebten, von einem Wissen getrieben, das älter war als alle menschliche Erkenntnis.

Einige Kilometer vom Höhlenhügel entfernt fand ich einen Unterschlupf zwischen Felsen, von dem aus ich einen weiten Blick durch das Tal genießen konnte. Hier machte ich es mir bequem, den Rücken gegen den harten, aber sonnengewärmten Felsen gelehnt, die Knie unter das Kinn gezogen, das Fernglas auf den lebendigen Strom unter mir gerichtet.

Ich hoffte, die Wölfe zu sehen, und sie enttäuschten mich nicht. Kurz vor Mittag tauchten zwei von ihnen auf einer gegenüberliegenden Anhöhe ein wenig weiter nordwärts auf. Wenige Augenblicke später erschienen zwei weitere ausgewachsene Tiere und vier Welpen. Es gab eine ausgedehnte und liebevolle Begrüßung, dann legten sich die meisten Wölfe hin und ruhten sich aus, während die anderen dem Karibuzug zusahen, der kaum hundert Meter von ihnen entfernt zu beiden Seiten an ihnen vorüberströmte.

Angeline und George konnte ich deutlich erkennen. Einer der beiden anderen Wölfe sah wie Onkel Albert aus, doch das vierte, sehr schlanke und dunkelgraue Tier, war mir völlig fremd. Ich erfuhr niemals, wer es war oder woher es kam, doch während der ganzen Zeit, die ich noch in dieser Gegend verbrachte, gehörte es zum Rudel.

Von allen Wölfen, nein, eigentlich sogar von allen Tieren, die Karibus und mich nicht ausgenommen, schien nur George sich nach ein wenig Bewegung zu sehnen. Während alle anderen genießerisch in der Sonne lagen oder gleichmütig grasten, begann George, auf der Anhöhe ruhelos hin und her zu wandern. Ein- oder zweimal blieb er vor Angeline stehen, doch sie beachtete ihn kaum und wedelte nur ein paarmal träge mit dem Schwanz.

Ein wenig schläfrig geworden, beobachtete ich, wie ein Muttertier aus der Karibuherde den Hang hinaufgraste, auf dem die Wölfe lagerten. Sie mußte wohl besonders saftige Flechten entdeckt haben, und obwohl sie die Wölfe entdeckt haben mußte, änderte sie ihre Richtung nicht, bis sie kaum noch zwanzig Meter von einem der Welpen entfernt war. Dieser Welpe beobachtete sie sehr aufmerksam, bis er zu meiner Freude endlich aufstand, unsicher über die Schulter zurücksah, um festzustellen, was die übrige Familie tat, sich dann umwandte und förmlich mit dem Schwanz zwischen den Beinen zu den anderen zurückschlich.

Nicht einmal der unruhige George, der jetzt langsam auf die Rentierkuh zukam, schien deren Gleichmut stören zu können, bis er, vielleicht durch ihre Sorglosigkeit in seiner Würde verletzt, einen schnellen Scheinangriff in ihre Richtung unternahm. Darauf warf sie den Kopf auf, wandte sich auf ihren wenig anziehenden Beinen um und galoppierte wieder hangabwärts. Offenbar war sie eher empört als ängstlich.

Die Zeit verging, der Strom der Tiere floß unaufhörlich, und ich nahm an, daß ich nach diesem Zwischenspiel nichts Aufregendes mehr sehen würde, denn ich nahm an, die Wölfe hätten sich bereits satt gefressen und hielten jetzt ihre übliche Mittagsruhe. Aber ich irrte mich, denn George hatte noch etwas vor.

Zum drittenmal ging er zu Angeline, die jetzt ausgestreckt auf der Seite lag, und diesmal ließ er sich nicht mit einem Nein abspeisen. Ich wußte zwar nicht, was er sagte, aber es mußte gewirkt haben, denn sie stand auf, schüttelte sich und sprang ihm fröhlich nach, als er daranging, den schlafenden Onkel Albert und den Fremden zu beschnüffeln. Auch sie verstanden, was er wollte, und erhoben sich. Die Welpen, die sich nie lange bitten ließen, wenn es um eine Abwechslung ging, sprangen ebenfalls auf und galoppierten zu ihren Eltern hinüber. Das ganze Rudel stand jetzt ungefähr im Kreis, und alle hoben den Kopf und stimmten ein Heulen an, genau wie sie es am Höhlenhügel vor dem Aufbruch zu einer Jagd zu tun pflegten.

Ich war überrascht, daß sie sich schon so früh am Tag auf eine Jagd vorbereiteten, aber noch überraschter stellte ich fest, daß die Karibuherden auf dieses Geheul nicht reagierten. Kaum ein Tier in Hörweite hob den Kopf, und die wenigen, die es doch taten, begnügten sich mit einem kurzen, kaum neugierigen Blick zur Anhöhe, ehe sie zu ihrem friedlichen Grasen zurückkehrten. Es blieb mir keine Zeit, über das alles nachzudenken, denn Angeline, Onkel Albert und der Fremde brachen jetzt auf, während die Welpen in einer betrübten Reihe auf der Anhöhe zurückblieben und George kurz vor ihnen stand. Als einer der Kleinen einen Versuch unternahm, den drei ausgewachsenen Wölfen zu folgen, fuhr George auf ihn los, und der Welpe kehrte eilig zu seinen Brüdern und Schwestern zurück.

Es wehte ein sehr geringer Wind von Süden her, und die drei Wölfe bewegten sich in einer engen Gruppe gegen den Wind voran. Als sie die Ebene erreichten, fielen sie in einen leichten Trab und liefen nun in einer Reihe hintereinander. Sie hatten es nicht eilig, sondern trabten nur leichtfüßig zwischen den Karibus dahin. Wie gewöhnlich waren die Rentiere keineswegs erschrocken und dachten nicht an Flucht.

Die drei Wölfe achteten auch nicht auf die Karibus, obgleich sie an vielen Gruppen mit Jungtieren vorüberkamen. Sie unternahmen keinerlei Probeangriffe, sondern blieben unentwegt auf ihrem Kurs, bis sie fast den Unterschlupf erreicht hatten, in dem ich mich verbarg. In diesem Augenblick blieb Angeline erst stehen und setzte sich dann, während die beiden anderen Wölfe zu ihr kamen. Man begrüßte sich wieder mit lebhaftem Schnüffeln und Schwanzwedeln, dann wandte Angeline sich der Anhöhe zu, auf der noch immer George und die Welpen saßen.

Zwischen den beiden Wolfsgruppen waren mindestens zweihundert Karibus, und weitere kamen immer wieder am östlichen Hügelfuß eines einmündenden Tales in Sicht. Angeline schien sie alle mit ihren Blicken zu umfassen, ehe sie und ihre Gefährten sich wieder in Bewegung setzten. Jetzt bildeten sie eine Reihe mit einem Abstand von jeweils ein paar hundert Meter, so daß diese Reihe fast die ganze Länge des Tales einnahm, und drangen nordwärts vor.

Sie liefen noch immer nicht schnell, doch ihre Bewegungen verrieten jetzt eine neue Entschlossenheit, die den Karibus aufzufallen schien. Vielleicht lag es auch nur daran, daß die neugebildete Wolfskette es den Tieren erschwerte, auf die gewohnte Weise nach einer Seite auszuweichen. Jedenfalls wandte eine Herde nach der anderen sich jetzt ebenfalls nordwärts, bis die meisten Karibus im Tal den Weg zurückgetrieben wurden, den sie gekommen waren.

Die Tiere ließen sich offenbar nur sehr widerwillig treiben, und mehrere Herden unternahmen auch entschlossene Versuche, die Reihe zu durchbrechen. Aber dann drangen jeweils die beiden Wölfe, die der aufsässigen Gruppe am nächsten waren, auf die Ausbrecher ein und zwangen sie, weiter nordwärts zu ziehen. Freilich konnten drei Wölfe nicht die ganze Breite des Tales wirksam bewachen. Die Karibus merkten bald, daß sie die Flügel umgehen und dann den Weg nach Süden fortsetzen konnten. Immerhin trieben die Wölfe, als sie sich der Anhöhe näherten, mindestens hundert Karibus vor sich her.

Jetzt zeigten die Tiere zum erstenmal deutliche Anzeichen von Nervosität. Die dichte Herde von ungefähr hundert Tieren löste sich wieder in kleine Gruppen auf, und jede galoppierte jetzt ihren eigenen Kurs. Gruppe auf Gruppe wich zur Seite hin aus, und die Wölfe versuchten nicht mehr, sie daran zu hindern. Wenn die Wölfe jetzt an ihnen vorbeistürmten, blieben die Karibus ein Weilchen stehen und sahen ihnen nach, und dann nahmen sie den Weg nach Süden wieder auf.

Allmählich erkannte ich, was die Wölfe vorhatten. Sie richteten jetzt alle Aufmerksamkeit auf eine Gruppe von einem Dutzend weiblicher Tiere mit sieben Kälbern, und jeder Versuch dieser kleinen Herde, nach rechts oder links auszuweichen, wurde prompt vereitelt. Nach einiger Zeit gaben die Karibus den Versuch auf und richteten sich darauf ein, den Gegnern in einer geradlinigen Flucht zu entkommen.

Das hätten sie auch sicher geschafft, doch als sie das kleine Weidengestrüpp am Ende der Anhöhe erreichten, schien eine wahre Flut von Wölfen sie zu verfolgen.

Wegen der Entfernung konnte ich die Ereignisse nicht so gut beobachten, wie ich es mir gewünscht hätte, doch ich sah, daß George auf ein Muttertier mit zwei Jungen zustürzte, doch als er sie gerade erreicht hatte, schwenkte er plötzlich ab. Zwei Welpen schossen wie graue Kugeln an ihm vorüber. Diese beiden kamen den Jungtieren am nächsten, die sofort auswichen. Einer der Welpen versuchte, einen scharfen Haken zu schlagen, verlor den Halt und überschlug sich, war sofort wieder auf den Beinen und lief weiter.

Die anderen drei Welpen schienen ein Jungtier fast aus dem Gleichgewicht gebracht zu haben, und ich sah nicht, was sie jetzt unternahmen. Als die Herde jedoch im vollen Galopp davonstürmte, tauchten die Welpen in der Nachhut auf und verloren sichtlich an Boden.

Auch ein einzelnes Jungtier lief jetzt vor den Verfolgern einher. Die Welpen verfolgten es noch immer wie flache Striche, obwohl sie bereits keine Chance mehr hatten, das verfolgte Tier einzuholen.

Und was taten die ausgewachsenen Wölfe inzwischen?

Als ich mein Glas zurückrichtete, um nach ihnen zu sehen, stellte ich fest, daß George noch genau an der Stelle stand, an der ich ihn zuletzt gesehen hatte, und er wedelte langsam mit dem Schwanz, während er den Verlauf der Jagd verfolgte. Die drei anderen Wölfe waren inzwischen auf die Anhöhe zurückgekehrt. Albert und der Fremde hatten sich niedergelegt und ruhten aus, Angeline aber sah dem schnell verschwindenden jungen Karibu nach.

Erst nach einer halben Stunde kamen die Welpen zurück. Sie waren so müde, daß sie kaum noch den Hang erklettern und zu ihren Eltern zurückkehren konnten, die sich nun ebenfalls wieder niedergelegt hatten. Die Welpen kehrten zu den anderen zurück und ließen sich keuchend zu Boden fallen, doch keiner der anderen beachtete sie sonderlich.

Die Schule war für heute vorüber.

22. SKATOLOGIE

Als der September in den Oktober überging und die Frostnächte die Moore verhärteten und die Seen mit einer Eisschicht überzogen, wäre ich froh gewesen, wenn ich die ganze Zeit hätte im Freien verbringen und das Leben eines Pseudowolfs hätte führen können. Leider war ich nicht so frei wie die Wölfe. In der Hütte erwartete mich eine ungeheure Menge wissenschaftlicher Routinearbeit. Nach meiner Ansicht, nicht aber der meiner Auftraggeber, daß mein Auftrag darin bestünde, das Leben der Wölfe so genau wie möglich zu studieren, hatte ich viele von den Nebenaufgaben vernachlässigt, die man mir in Ottawa in den Studienplan geschrieben hatte. Jetzt, da die Zeit kurz wurde, hatte ich das Gefühl, ich müßte meinen Vorgesetzten wenigstens meinen guten Willen beweisen.

Unter anderem war mir das Studium der Pflanzenwelt dieser Gegend aufgetragen worden. Diese Arbeit war dreiteilig. Zunächst hatte ich Muster von allen vorkommenden Pflanzen zu sammeln, dann mußte ich die Häufigkeit der jeweiligen Pflanzen ermitteln, und schließlich mußte ich den Nährwert der einzelnen Pflanzen für das Karibu erkunden.

Für alle diese Dinge blieb nicht mehr Zeit genug, also versuchte ich, wenigstens die Bestandsaufnahme der Pflanzenwelt noch zu erledigen und ihre Häufigkeit festzustellen.

Dazu gehörte ein Raunkiaerscher Zirkel, ein Gerät, das wohl in der Hölle erfunden worden sein muß. Auf den ersten Blick wirkte es harmlos und unschuldig, denn es bestand eigentlich nur aus einem metallischen Ring. Benutzte man es aber, so wurde es zu einem Teufelsmechanismus, das einen gesunden Menschen um den Verstand bringen konnte. Man stellte sich damit auf ein Stück Moorland, schloß die Augen, drehte sich mehrmals wie ein Kreisel und warf den Ring dann so weit wie möglich. Durch diesen komplizierten Vorgang sollte sichergestellt werden, daß der Wurf wirklich ganz und gar zufällig ausfiel. In der Praxis führte sie allerdings mehr dazu, daß ich den Ring jeweils aus den Augen verlor und endlos danach suchen mußte.

War der Ring erst wiedergefunden, fing das Elend erst richtig an. Es wurde dann von mir erwartet, daß ich jede, auch die allerwinzigste Pflanze pflückte, die im Zauberkreis dieses Ringes lag. Ich mußte sie erkennen und genau zählen, wie viele Exemplare ihresgleichen der Ring umschloß. Auf diese Weise mußte ich die Anzahl der verschiedenen Arten und die Stückzahl innerhalb der einzelnen Arten feststellen.

Das klingt ganz einfach? Das ist es aber nicht. Die Pflanzen in der Tundra sind auf jeden Fall klein, und viele von ihnen sind fast mikroskopisch. Mein erster Versuch mit dem Ring kostete mich fast einen ganzen Tag, ließ meine Augen schmerzen und tat dem Kreuz weh, weil ich zu viele Stunden wie ein verrücktes Kaninchen über dem Kreis gehockt und mit einer Pinzette Pflanzen gepflückt hatte.

Ich hatte Ootek geraten, mich bei dieser Arbeit nicht zu begleiten, weil ich mich außerstande fühlte, ihm begreiflich zu machen, welchen Sinn das alles haben sollte. Am dritten Tag meiner Qualen kam er allerdings doch über einen nahen Hügel freundlich lächelnd auf mich zu. Meine Begrüßung war ein wenig säuerlich, denn ich spürte nicht gerade einen Überschuß an Menschenfreundlichkeit in mir. Mit schmerzendem Rücken richtete ich mich auf, nahm den Ring und vollendete den nächsten Wurf, während er mich interessiert beobachtete.

Der Ring flog nicht sehr weit, denn ich war müde und schon ein wenig mutlos, und in mir war nicht mehr viel Kraft übrig.

«Ziemlich schwach», kommentierte Ootek spöttisch.

«Du kannst ja versuchen, ob du es besser kannst», gab ich hitzig zurück.

Ich vermute, daß mir mein Schutzengel diesen Satz eingegeben hatte. Ootek grinste auf eine sehr überlegene Art, lief zu dem Ring, nahm ihn auf, schwang den Arm zurück wie ein Diskuswerfer und ließ los. Der Ring erhob sich wie eine fliegende Möwe, glitzerte im

Sonnenschein, als er den Höhepunkt seiner Bahn erreichte, segelte über einen nahen Tundrateich, fiel ins Wasser und verschwand.

Ootek war sehr betreten. Mit gespanntem Gesicht erwartete er meinen Zornausbruch. Vermutlich hat er niemals begriffen, warum ich ihn umarmte und eine Art Indianertanz mit ihm aufführte, bevor ich mit ihm zur Hütte zurückging und die letzte Flasche des kostbaren Wolfssaftes mit ihm teilte. Der Zwischenfall verstärkte zweifellos seine Überzeugung, daß weiße Männer eben unerklärliche Wesen seien.

Nachdem mein Pflanzenstudium auf diese Weise beendet war, stand ich vor einer anderen unangenehmen Aufgabe: Ich mußte die skatologischen Forschungen beenden. Da man in Ottawa diesem Wissenschaftszweig besondere Aufmerksamkeit widmete, hatte man mir anbefohlen, einen Teil meiner Zeit auch dem Sammeln von Wolfsausscheidungen zu widmen. Das war keine Arbeit, die mich begeistern konnte, doch auf meinen Wegen durch die Tundra hatte ich in dieser Hinsicht immer die Augen offengehalten. Mit einer langen Zange hatte ich die Häufchen aufgelesen, die ich gefunden hatte, und in kleinen Säckchen verwahrt. Auf jedem war vermerkt, wie alt die gefundene Probe schätzungsweise war und wann und wo ich sie gefunden hatte. Anfangs hatte ich diese kleinen Beutel unter meinem Lager aufbewahrt, aber bis Ende September hatte ich eine so riesige Sammlung beisammen, daß sie fast den ganzen Fußboden einnahmen und überall im Weg waren.

Aus verschiedenen Gründen, nicht zuletzt wegen des Gesichtsausdrucks meiner Freunde Mike und Ootek, als sie merkten, was ich tat, mußte ich meine Funde endlich einmal analysieren. Die Sammlung hatte ich geheimgehalten, und wenn Mike und Ootek auch sehr neugierig waren, was ich wohl in diesen vielen Beuteln hatte, waren sie doch zu höflich, um mir darüber Fragen zu stellen. Wenn sie auch beide längst hinsichtlich meiner beruflichen Arbeit sehr nachsichtig geworden waren, wollte ich ihr Verständnis doch nicht auf eine zu harte Probe stellen. Deshalb verschob ich die Analyse immer wieder, bis sie eines Oktobermorgens zu einem Jagdausflug aufbrachen und mich allein in der Hütte zurückließen.

Durch die Witterung und die lange Aufbewahrungszeit war der Kot steinhart geworden und mußte aufgeweicht werden, ehe ich mit ihm arbeiten konnte. Deshalb trug ich ihn zum Fluß und hängte ihn in zwei Eimern in das Wasser. Während des Aufweichens bereitete ich mein Werkzeug vor, legte Notizbuch und sonstiges Gerät auf einen flachen Felsen, der von der Sonne bestrahlt und von leichtem Wind umweht wurde. Ich hatte das Gefühl, daß die mir bevorstehende Arbeit besser nicht in einem geschlossenen Raum geleistet werden sollte.

Der nächste Schritt bestand darin, daß ich meine Gasmaske überprüfte. Ich will nicht etwa witzig sein, wenn ich diese Tatsache erwähne.

Man hatte mich mit einer Gasmaske ausgerüstet und zugleich mit Tränengaspatronen. Damit sollte ich die Wölfe aus ihren Höhlen treiben, damit ich sie als Muster erlegen konnte. Selbstverständlich wäre ich auch zu jener Zeit niemals so tief gesunken, als ich die Wölfe noch nicht zu meinen Freunden gemacht hatte. Die Tränengasmunition hatte ich längst im nächsten Teich versenkt, die Maske aber hatte ich behalten, weil ich für sie haftbar war. Jetzt war sie sehr nützlich, denn im Wolfskot finden sich bisweilen die Eier eines besonders bösen Parasiten. Werden sie vom Menschen eingeatmet, so schlüpfen daraus kleine Würmer aus, die sich bis in das Gehirn vorarbeiten und dort einnisten, was sowohl für die Würmer als auch für ihre unfreiwilligen Gastgeber zumeist tödlich ausgeht.

Nachdem ich mich vergewissert hatte, daß der erste Kotvorrat hinlänglich weich geworden war, legte ich die Gasmaske an und ging daran, das erste Stück Kot auf einem weißen Emailleteller, den ich aus der Hütte entliehen hatte, zu zerlegen. Während ich die Bestandteile unter der Lupe feststellte, vermerkte ich sie zugleich in meinem Notizbuch.

Es war ein mühevoller, aber nicht uninteressanter Vorgang. Tatsächlich war ich bald so sehr in meine Arbeit vertieft, daß ich nicht mehr auf meine Umgebung achtete.

Als ich zwei Stunden später aufstand, mich reckte und mich der Hütte zuwandte, war ich daher sehr überrascht, daß ich mich einem Halbkreis mir unbekannter Eskimos gegenübersah, die mich mit einer Mischung aus Unglauben und Abscheu betrachteten.

Es war ein verwirrender Augenblick. Ich war so erschrocken, daß ich nicht mehr an die Gasmaske mit ihrem Elefantenrüssel und ihren Glotzaugen dachte. Und als ich versuchte, die Fremden zu begrüßen, hatte meine Stimme, durch fünf Zentimeter Holzkohle und dreißig Zentimeter Gummischlauch gedämpft, den Klang eines Sturms, der durch hohle Grüfte heult. Der Klang verblüffte die Eskimos offensichtlich.

Im Versuch, mich schnell wieder menschenähnlicher werden zu lassen, nahm ich die Gasmaske ab und trat schnell auf die Fremden zu, worauf die Eskimos sich mit der Genauigkeit eines Operettenballetts um einige Schritte zurückzogen und mich mit wildem Entsetzen anstarrten.

Ich wollte unbedingt meine freundliche Gesinnung beweisen und lächelte so breit ich konnte. Dabei entblößte ich meine Zähne zu einem Grinsen, das offenbar eher feindselig wirkte. Meine Besucher zogen sich noch ein paar Meter zurück, und einige von ihnen warfen dem Skalpell in meiner Hand unsichere Blicke zu.

Offensichtlich bereiteten sie sich zur Flucht vor, doch ich rettete die Lage, indem ich mich einiger Worte ihrer Sprache erinnerte und so etwas wie eine Begrüßung zustande brachte. Nach einer langen Pause wagte einer der Eskimos eine schüchterne Erwiderung, und allmählich betrachteten sie mich nicht mehr wie Küken eine Klapperschlange.

Obwohl keine rechte Beziehung zwischen uns zustande kam, ergab das folgende Gespräch, das die Eskimos zu Ooteks Gruppe gehörten. Sie hatten den Sommer weiter im Osten verbracht und waren gerade erst in ihre heimatlichen Lager zurückgekehrt. Dort hatte man ihnen erzählt, daß in Mikes Hütte ein sehr merkwürdiger weißer Mann hauste. Dieses Wundertier hatten sie sich selbst einmal ansehen wollen, doch nichts von dem, was sie vorher gehört hatten, hatte sie auf das Schauspiel vorbereitet, das sie bei ihrer Ankunft vor sich gesehen hatten.

Während sie miteinander sprachen, bemerkte ich, daß die Kinder und auch einige Erwachsene mißtrauische Blicke auf die Kotbeutel und eine Emailleplatte mit Fellteilen und Mäuseknochen warfen. Bei anderen Menschen hätte das sicherlich nur Neugierde geweckt, doch ich hatte nun schon genug Zeit mit Eskimos zugebracht, um ihre seltsame Denkweise zu kennen. Ich deutete ihre Neugier als einen leisen Hinweis darauf, daß sie nach der langen Reise hungrig und durstig seien und gegen Tee und einen kleinen Imbiß nichts einzuwenden hätten.

Da ich in Mikes Abwesenheit der Gastgeber war und da die

Gastfreundschaft im hohen Norden zu den edelsten Tugenden zählt, lud ich die Eskimos zu einem Abendessen in der Hütte ein. Sie schienen mein Angebot zu verstehen und anzunehmen, zogen sich zurück, damit ich meine Arbeit an den letzten Kotproben vollenden konnte, und schlugen auf einer nahen Anhöhe ihr Durchgangslager auf.

Die Ergebnisse der Analyse waren höchst interessant. Ungefähr 48 Prozent der Kotproben enthielten Reste von Nagetieren, vor allem Fellteile und Zähne. Zu den noch erkennbaren Speiseüberresten zählten Karibuknochen, Karibufell, ein paar Vogelfedern und überraschenderweise ein Messingknopf, der zwar von den Verdauungssäften ziemlich angegriffen war, jedoch noch deutlich genug Anker und Kabel erkennen ließ, wie sie auf den Uniformknöpfen mancher Einheiten der Handelsmarine üblich sind. Ich konnte mir nicht erklären, wie der Knopf zu einem solchen Ende gelangt sein mochte, aber zweifellos kann man den Knopf nicht als Hinweis darauf werten, daß die Wölfe etwa einen wandernden Seemann verspeist hätten. Überhaupt gibt es keinerlei zuverlässige Nachricht darüber, daß Wölfe jemals im kanadischen Norden einen Menschen getötet hätten. Ich kann mir aber denken, daß die Versuchung für sie manchmal sehr stark gewesen war.

Unter den Blicken von zwei sehr ernsthaften Eskimoknaben wusch ich meine Eimer aus und füllte sie mit frischem Wasser, denn ich wußte, daß heute abend eine ganze Menge Tee gebraucht würde. Als ich zur Hütte ging, sah ich, daß die Eskimojungen eilig den Hang hinaufliefen, als hätten sie ihren Eltern dringende Nachrichten zu überbringen, und ich lächelte über ihre Begeisterung.

Meine fröhliche Stimmung währte jedoch nicht lange. Drei Stunden später war das Abendessen bereit. Es bestand aus Fisch und Klößen auf polynesische Art in einer Soße, die ich selbst erfunden hatte. Aber von meinen Gästen war nichts zu sehen. Es wurde schon dunkel, und ich machte mir Gedanken darüber, ob es wegen der Zeit des Abendessens vielleicht ein Mißverständnis gegeben hatte.

Endlich zog ich meinen Parka über, nahm eine Taschenlampe und ging auf die Suche nach den Eskimos.

Ich fand sie niemals, und ich sah sie auch nie mehr wieder. Sie hatten ihren Lagerplatz geräumt, und die Menschen waren so völlig verschwunden, als hätte die weite Ebene sie verschlungen.

Ich war verwundert und auch ein wenig gekränkt. Als Ootek am nächsten Tag wiederkam, erzählte ich ihm die Geschichte und erbat eine Erklärung. Er stellte einige Fragen über Eimer, Wolfskot und andere Dinge, und mir schienen diese Fragen nicht sehr bedeutungsvoll zu sein. Und schließlich ließ er mich zum erstenmal, solange wir uns kannten, im Stich. Er sagte, er könne mir wirklich nicht erklären, warum man meine Gastfreundschaft auf so unhöfliche Weise abgelehnt habe. Und er erklärte es mir wirklich nie.

23. EINEN WOLF TÖTEN

Allmählich rückte die Zeit heran, in der ich die Wolfshöhlenbucht verlassen mußte, und zwar nicht, weil ich es wünschte, sondern weil die Wölfe bald ihre Winterquartiere aufsuchen mußten.

Ende Oktober, als der Winter die farblose Ebene in den Griff nahm, kehrten die Karibus der Tundra den Rücken und zogen in die feindselige, aber doch geschütztere Welt der Wälder. Und wohin sie gehen, müssen auch die Wölfe ziehen, denn auf der froststarren Ebene bleibt nichts zurück, wovon sie sich ernähren könnten.

Von Anfang November bis zum April ziehen Karibus und Wölfe durch die Taiga, den schmalen Streifen mit niederem Buschwerk und kleineren Bäumen unterhalb der Hochwaldgrenze. In den Jahren, in denen es genug Schneehasen gibt, erlegen die Wölfe viele von ihnen. Immer aber bleiben sie in der Nähe der Karibuherden, denn von ihnen allein können sie sich in Zeiten der Hungersnot ernähren.

Jede Familie wandert für sich, doch es ist auch nicht ungewöhnlich, daß zwei oder drei Familien sich zu einem Rudel vereinigen. Darüber scheint es jedoch keine festen Regeln zu geben, und ein solches Rudel kann sich jederzeit wieder in seine ursprünglichen Bestandteile auflösen. Immerhin gibt es eine obere Grenze für die Zahl der in einem Rudel zusammengeschlossenen Tiere. Die Winterjagd verlangt die Zusammenarbeit mehrerer Wölfe, wenn sie erfolgreich sein soll. Gibt es aber zu viele Wölfe in einem Rudel, so bekommt niemand genug von einem gerissenen Tier. Ein Rudel von fünf bis zehn Tieren scheint ungefähr die ideale Größe zu sein.

Im Winter scheinen die Wölfe keine festumgrenzten Gebiete zu beherrschen. Jedes Rudel jagt, wo es ihm gefällt, und man hat beobachtet, daß zwei Rudel, die sich begegnen, einander begrüßen und dann ihrer Wege gehen.

Ein Zusammenschluß mehrerer Rudel in einem bestimmten Gebiet kommt kaum vor. Wie die Tiere es fertigbringen, sich immer so zu verteilen, daß niemals zuviel Wölfe für zu wenig Nahrung in einem Gebiet sind, ist unbekannt. Die Indianer behaupten, es geschähe durch Urinzeichen, die an allen wichtigen Stellen hinterlassen werden. Tatsache ist jedenfalls, daß außer in Fällen wirklicher Hungersnot die herumziehenden Winterrudel im Gefolge der Karibuherden einander niemals auf die Zehen treten.

Für die Wölfe der Tundra ist der Winter die Zeit des Todes. Sobald sie in Waldgebiete kommen, sind sie den konzentrierten, geschickten und erbarmungslosen Angriffen der Menschen ausgesetzt. Trapper können Wölfe nicht ausstehen, denn sie sind nicht nur Konkurrenten bei der Karibujagd, sondern sie können auch die leichten Fuchsfallen zuschnappen lassen, ohne selbst gefangen zu werden. Außerdem fürchten die meisten weißen Trapper sich vor den Wölfen, und nichts treibt den Menschen so leicht in die Zerstörungswut wie die eigene Furcht.

Der Krieg gegen die Wölfe wird von den Regierungsstellen besonders heftig geführt, denn alle bieten für jeden erlegten Wolf Abschußprämien zwischen zehn und dreißig Dollar. Besonders wenn Fuchspelze und andere Pelze nicht hoch im Kurs stehen, sind diese Prämien für Trapper und Händler ein reizvoller Nebenverdienst.

Es wird viel über die von Wölfen gemordeten Rentiere gesagt und geschrieben. Sehr wenig hört man über die Zahl der Wölfe, die tatsächlich von Menschen erlegt werden. In einem Fall wird eine offenkundige Falschmeldung mit allen Mitteln verbreitet, im anderen Fall wird die Wahrheit unterdrückt. Im Winter meines ersten Studienjahres konnte ein einziger Trapper an der Grenze zwischen Manitoba und Keewatin 118 erlegte Wölfe vorweisen, von denen 107 erst im Frühjahr geborene Jungtiere waren. Nach dem Gesetz hätten sie diese Wölfe nur in Fallen fangen oder erschießen dürfen. Tatsächlich aber hatten sie genau das getan, was alle anderen auch taten und im hohen Norden noch immer tun: sie streuten wahllos auf einem weiten Gebiet Gift, so daß fast der gesamte Besatz an Wölfen, Füchsen und zahlreichen kleineren

Fleischfressern ausgerottet wurde. Das spielte keine Rolle, weil Füchse in jenem Jahr keine guten Preise brachten, Wölfe aber waren pro Kopf 20 Dollar wert.

Fallen und Gift sind die gebräuchlichsten Wolfstöter, doch auch andere Methoden sind weit verbreitet. Eine davon ist die Jagd aus dem Flugzeug, die vorwiegend von jenen «dem Allgemeinwohl verpflichteten» Sportsleuten betrieben wird, die der Gesellschaft «unschätzbare Dienste» erweisen, indem sie «Zeit und Geld opfern, um räuberische Bestien zu vernichten». Dabei hält die Besatzung eines Flugzeugs nach den Wölfen Ausschau, und zwar am liebsten auf der Eisfläche eines Sees. Wird ein Wolf gesichtet, so fliegt die Maschine möglichst tief über ihm und verfolgt ihn so erbarmungslos, daß das gehetzte Tier endlich vor Erschöpfung zusammenbricht und manchmal schon tot ist, ehe es von Schrotkugeln durchsiebt wird.

Allerdings weiß ich von einem Fall, in dem diese Methode nicht zum Ziel führte. Zwei Sportsleute waren in ihrem Privatflugzeug aus einer großen Stadt aufgebrochen, weil sie helfen wollten, die Welt von Wölfen zu befreien. In zurückliegenden Jagden hatten sie schon viele Tiere getötet, und der Pilot hatte dabei eine große Geschicklichkeit erworben und verfolgte die Tiere so, daß die Schneekufen seiner Maschine sie fast streiften. Eines Tages kam er aber einem Wolf zu nahe. Der gequälte Wolf fuhr herum, sprang in die Luft und schnappte nach einer der Kufen. Er starb zwar bei dem folgenden Absturz, doch die beiden Männer starben ebenfalls. Dieser Zwischenfall wurde in einem weitverbreiteten Sportmagazin geschildert und als Beispiel für ruchlose Gefährlichkeit des Wolfes hingestellt. Zugleich wurde der tollkühne Mut der Männer gerühmt, die es mit ihm aufgenommen hatten. Das ist freilich ein geradezu klassischer Fall. Wann und wo auch immer Menschen darangegangen sind, andere Tiere und auch andere Menschen abzuschlachten, haben sie fast immer versucht, denen, die getötet werden sollten, die häßlichsten und abstoßendsten Eigenschaften zuzuschreiben. Je weniger Grund es für einen solchen Feldzug gibt, desto größer ist die Verteufelung des Gegners.

Als ich die Wolfshöhlenbucht verließ und nach Brochet im Norden Manitobas kam, von wo aus ich meine Winterstudien betreiben wollte, war dort niemand gut auf Wölfe zu sprechen. Der Jagdaufseher des Ortes beschrieb mir die Lage folgendermaßen:

Bis vor zwei Jahrzehnten hatten die Menschen dieser Gegend noch jährlich fünfzigtausend Karibus erlegen können, jetzt konnten sie schon froh sein, wenn es ein paar Tausend waren. Die Karibus wurden immer seltener, und man machte die Wölfe dafür verantwortlich. Mit meinem bescheidenen Hinweis darauf, daß Wölfe schließlich schon ihre Beute aus Karibuherden gerissen hatten, ohne diese Herden zu dezimieren, ehe es überhaupt Menschen in dieser Gegend gegeben hatte, stieß ich bei ihm auf taube Ohren und zog mir den Zorn anderer Gesprächspartner zu, weil sie eine Stellungnahme für die Wölfe heraushörten.

Eines Wintermorgens platzte ein sehr erregter Pelzhändler in meine Hütte.

«Hören Sie zu», sagte er herausfordernd. «Sie wollen doch Beweise dafür haben, daß die Wölfe die Karibuherden abschlachten. Also gut, spannen Sie Ihre Hunde an und fahren Sie zum Fishduck Lake. Da werden Sie genug Beweise sehen! Einer meiner Trapper ist vor einer Stunde angekommen, und er hat 50 tote Rentiere auf dem Eis gesehen. Alle sind von Wölfen gerissen worden, und das Fleisch ist kaum angerührt!»

Mit einem Indianer als Begleiter brach ich sofort auf, und am Nachmittag erreichten wir den zugefrorenen See. Dort erwartete uns ein grausiges Bild. Über das Eis verstreut lagen die Kadaver von dreiundzwanzig Karibus, und es war so viel Blut geflossen, daß die Eisfläche sich rot verfärbt hatte.

Der Trapper hatte richtig berichtet, daß das Fleisch der Karibus fast unangetastet geblieben war. Alle Tiere bis auf drei waren unberührt. Zwei von diesen dreien waren männliche Tiere – ihnen fehlten die Köpfe, während das dritte Tier, eine trächtige Renkuh, keine Hinterkeulen mehr hatte.

Der «Beweis» war allerdings alles andere als schlüssig, denn keines dieser Tiere konnte von Wölfen angegriffen worden sein. Auf dem ganzen See war keine Wolfsspur zu finden. Dafür gab es aber andere Spuren, nämlich die Schleifspuren von zwei Flugzeugkufen, die über den ganzen See führten und das Eis in weiten Bögen durchfurchten.

Diese Karibus waren nicht von Wölfen zur Strecke gebracht worden, sondern man hatte sie erschossen. Einige Tiere wiesen mehrere Einschüsse auf. Eines war nach einem Bauchschuß mit nachschleifenden Eingeweiden noch hundert Meter weitergelaufen. Mehreren anderen hatten die Kugeln die Läufe gebrochen.

Was tatsächlich geschehen war, klärte sich schnell auf. Zwei Jahre zuvor war der Touristendienst der zuständigen Provinzialregierung auf den Gedanken gekommen, daß die Rentiere der Tundra Trophäenjäger aus den Vereinigten Staaten anlocken könnten. Folglich wurden regelrechte «Safaris» organisiert, bei denen Gruppen von Hobbyjägern in diese Gegend flogen. Für diesen edlen Zweck wurden oftmals sogar regierungseigene Flugzeuge eingesetzt. Gegen einen Betrag von tausend Dollar erhielt jeder Teilnehmer die Garantie, ein erstklassiges Karibugeweih mit nach Hause nehmen zu können.

Im Winter verbrachten die Karibus die Zeit der Dämmerung am Abend und am Morgen grasend im Wald. Die Tagesstunden aber brachten sie auf den gefrorenen Seen zu. Der Pilot der Safarimaschine brauchte also nur einen See auszuwählen, auf dem viele Karibus lagerten. Wenn er dann eine Weile niedrig über ihnen kreiste, konnte er sie alle sehr nahe zusammentreiben. War das gelungen, so landete das Flugzeug, rollte jedoch auf dem Eis weiter und verhinderte, daß die erschrockene Herde floh. Durch die offenen Türen und Fenster konnten die «Jäger» ununterbrochen schießen, bis sie so viele Tiere geschossen hatten, daß bestimmt eine ausreichende Anzahl guter Geweihe zu finden war. Da dieser Spaß immerhin eine ganz hübsche Summe kostete, hielten die Touristen sich wohl für berechtigt, mit allen Mitteln für gute Jagdergebnisse zu sorgen, und man muß annehmen, daß die zuständigen Regierungsstellen damit einverstanden waren.

War die Schießerei beendet, so wurden die toten Tiere besichtigt, und jeder Jäger nahm nur den besten Kopf mit, den er finden konnte, da sein Erlaubnisschein ihm ja «lediglich ein Karibu» zusicherte. Wünschten sich die Jäger auch einen Braten, so wurden schnell ein paar Hinterkeulen abgehackt und mit in die Maschine genommen, die dann wieder nach Süden entschwand. Zwei Tage später schon hielten die erfolgreichen Sportsleute wieder zu Hause Einzug.

Der Indianer, der mich begleitete, hatte dieses Gemetzel im vergangenen Winter selbst beobachtet, während er als Führer gearbeitet hatte. Das Verfahren behagte ihm zwar nicht, doch er wußte genug über die Stellung der Indianer in der Welt des weißen Mannes, um zu wissen, daß er seine Empörung besser für sich behielt.

Ich war wesentlich naiver. Am nächsten Tag gab ich eine Funkmeldung zu diesem Thema an die zuständigen Behörden weiter. Ich erhielt keine Antwort, wenn man einmal davon absieht, daß die Provinzregierung die Kopfprämie für Wölfe wenige Wochen später auf zwanzig Dollar erhöhte. Vielleicht war das als Antwort gedacht.

24. DIE WELT, DIE WIR VERLOREN HABEN

Das Problem, wie ich von der Wolfshöhlenbucht südwärts nach Brochet kommen sollte, wurde eines Morgens gelöst, als Ootek in meine Hütte gelaufen kam und verkündete, er habe ein Flugzeug gesehen. Tatsächlich kreiste in nur geringer Entfernung ein Flugzeug über der Tundra.

Seit langem hatte ich die Hoffnung aufgegeben, daß der Pilot, der mich in die Wolfshöhlenbucht gebracht hatte, jemals zurückkehren würde, und so versetzte mich der Anblick dieses Flugzeugs in fieberhafte Erregung. Ich erinnerte mich an die Raucherzeuger, die zu meiner Ausrüstung gehörten, und schaffte sie schnell herbei. Zu meiner Überraschung arbeiteten sie tatsächlich. Eine mächtige, schwarze Rauchsäule stieg kerzengerade zum Himmel auf und rief die Maschine, die sich bereits westwärts entfernt hatte, wieder zurück.

Sie landete auf dem See, und ich fuhr mit dem Kahn hinaus, um den Piloten zu begrüßen, einen kaugummikauenden Mann mit einem schmalen Gesicht, der mir viel zu erzählen hatte.

Da Monate ohne Nachricht von mir vergangen waren, war meine Dienststelle immer besorgter geworden. Nicht nur war sie bisher ohne jeden Bericht über die Wölfe geblieben, nein, es waren auch wertvolle Ausrüstungsgegenstände im Wert von reichlich 4000 Dollar in der Weite der Tundra verschwunden. Das war ein sehr ernster Fall. Schließlich konnte jederzeit ein mißgünstiges Mitglied der Opposition Wind von der Sache bekommen und sie im Parlament zur Sprache bringen. Die Aussicht aber, des verschwenderischen Umgangs mit öffentlichen Mitteln beschuldigt zu werden, stürzt jede kanadische Behörde in Angst und Schrecken.

Aus diesem Grund wurde die berittene Kanadische Polizei beauftragt, nach mir zu suchen, doch die Hinweise, die man ihr geben konnte, waren kärglich. Der Pilot, der mich seinerzeit in die Tundra geflogen hatte, war inzwischen auf einem anderen Flug abhanden gekommen, und die Polizei konnte ihn nicht auftreiben und daher auch nicht erfahren, was er mit mir angestellt hatte. Endlich aber erfuhr die Polizei von einem in Churchill umlaufenden Gerücht, ich sei ein Agent des Geheimdienstes und damit beauftragt, russische Stützpunkte in Polnähe zu beobachten. Sie meldete das sofort nach Ottawa und teilte zugleich mit, sie schätze es nicht, wenn man sie zum Narren halte, und wenn man wieder einmal ihre Dienste in Anspruch nehmen wolle, solle man gefälligst ehrlicher sein.

Der Pilot, der auf mein Rauchsignal hin gelandet war, flog im Auftrag einer Firma, die auf der Suche nach Bodenschätzen war. Immerhin erklärte er sich bereit, eine Nachricht mit nach Hause zu nehmen und meiner Dienststelle mitzuteilen, wo sich ihr Regierungseigentum zur Zeit befand. Weiter wollte er vorschlagen, mir ein Flugzeug zu schicken, ehe strenger Frost einsetzte.

Mit Mikes Hilfe nutzte der Pilot seine Zwischenlandung, um seine Tanks aus Reservekanistern, die unter dem Rumpf angebracht waren, nachzufüllen. Inzwischen brach ich auf, um noch einige unerledigte Arbeiten am Wolfshöhlenhügel zu tun.

Um mein Studium des Familienlebens der Wölfe abzurunden, mußte ich noch wissen, wie es in der Höhle aussah – ihre Tiefe, den Durchmesser des Einschlupfs, ob es eine Art Nest auf dem Grund der Höhle gab und ähnliche Dinge. Aus Gründen, die nicht näher erklärt zu werden brauchen, hatte ich die Höhle nicht erforschen können, solange sie besetzt gewesen war, und seitdem hatte ich so viel anderes zu tun gehabt, daß ich nicht dazu gekommen war. Jetzt aber wurde meine Zeit knapp, und ich hatte es eilig.

Ich ging quer über das Gelände auf die Höhle zu und war nur noch hundert Meter davon entfernt, als hinter mir ein ohrenbetäubendes Dröhnen erklang. Ich warf mich unwillkürlich der Länge nach zu Boden, als das Flugzeug in einer Höhe von vielleicht fünfzehn Metern über mich hinwegdonnerte, mir mit einem Wackeln der Tragflächen einen freundlichen Gruß zuwinkte und dicht über den Wolfshügel fegte, wobei sein Propellerwirbel einen wahren Sandsturm auslöste. Ich beruhigte mein klopfendes Herz und bedachte den seltsamen Humor des am Horizont entschwindenden Piloten mit einigen kräftigen Verwünschungen.

Der Platz vor der Höhle war – genau wie ich es erwartet hatte und wie das Flugzeug es auf jeden Fall bewirkt hätte – wolfslos. Als ich den Eingang erreicht hatte, zog ich die dicke Hose aus, legte Jacke und Pullover ab, nahm eine Taschenlampe und ein Bandmaß aus der Jackentasche und ging an die mühsame Arbeit, mich durch den Höhleneingang zu zwängen.

Die Batterien der Lampe waren so schwach, daß sie nur noch einen orangefarbenen Schimmer verbreitete, der mir kaum noch erlaubte, die Zahlen auf dem Bandmaß zu entziffern. Ich schlängelte mich in einem Winkel von fünfundvierzig Grad ungefähr zwei und einen halben Meter abwärts. Augen und Mund waren bald voller Sand, und ich bekam allmählich Platzangst, denn der Gang war so eng, daß ich ihn vollkommen ausfüllte.

Nach zweieinhalb Metern beschrieb der Tunnel eine scharfe Biegung aufwärts und wandte sich zugleich nach links. Ich richtete die Lampe in die neue Richtung und drückte auf den Schalter.

Vier grüne Lichter spiegelten in der Finsternis vor mir das spärliche Licht.

In diesem Fall war Grün durchaus nicht das Zeichen zum Weitergehen. Ich erstarrte, während mein Hirn sich krampfhaft abmühte, die Erkenntnis zu verarbeiten, daß sich mindestens zwei Wölfe zugleich mit mir in der Höhle befanden.

Obwohl ich mit der Wolfsfamilie so vertraut war, war diese Lage dazu geeignet, alle überkommenen Vorurteile hervorzurufen und über Vernunft und Erfahrung siegen zu lassen. Um ehrlich zu sein: Ich war so erschrocken, daß ich mich wie gelähmt fühlte. Ich hatte keine Waffe bei mir, und in meiner Lage hätte ich kaum eine Hand rühren können, um einen Angriff abzuwehren. Es schien mir aber völlig unausweichlich zu sein, daß die Wölfe mich angriffen, denn schließlich verteidigte sogar ein Erdhörnchen seinen Bau erbittert gegen jeden Eindringling.

Aber die Wölfe knurrten nicht einmal!

Wären nicht die beiden glühenden Augenpaare gewesen, hätte ich ihre Gegenwart gar nicht bemerkt.

Die Lähmung ließ nach, und obwohl der Tag kalt war, fühlte ich Schweiß am ganzen Körper. In einem Anfall verzweifelten Mutes schob ich die Taschenlampe vorwärts, so weit mein Arm reichte.

Sie gab gerade noch so viel Licht, daß ich Angeline und einen der Welpen erkennen konnte. Sie hatten sich gegen die Rückwand der Höhle gedrängt und waren bewegungslos, wie tot.

Allmählich schwand der Schreck, und der Selbsterhaltungstrieb gewann wieder die Oberhand. So schnell ich konnte, zwängte ich mich rückwärts durch den Tunnel und wartete noch immer gespannt darauf, daß die Wölfe jeden Augenblick angreifen mußten. Als ich aber den Eingang wieder erreicht und mich daraus befreit hatte, hatte ich von den Wölfen noch immer nichts gehört und nicht die leiseste Bewegung wahrgenommen.

Ich setzte mich auf einen Stein und zündete mir mit zitternden Fingern eine Zigarette an, und dabei merkte ich, daß ich mich jetzt nicht mehr fürchtete. Statt dessen war ich von einer unvernünftigen Wut besessen. Hätte ich mein Gewehr bei mir gehabt, so hätte ich in meiner Wut vielleicht versucht, beide Wölfe zu töten.

Die Zigarette brannte nieder, und als der Nordwind sich aufmachte, fing ich wieder an zu zittern, wenn auch nicht mehr vor Wut, sondern vor Kälte. Mein Ärger verging, und danach fühlte ich mich ein wenig erschlafft. Ich hatte in mir den Haß gespürt, der aus der Furcht entsteht, den Haß gegen die Tiere, die mich für ein paar Augenblicke mit nacktem Entsetzen erfüllt und damit meinen Stolz verletzt hatten.

Ich schämte mich bei der Erkenntnis, wie schnell ich vergessen und wie leichtfertig ich geleugnet hatte, was mein Sommer mit Wölfen mich über diese Tiere gelehrt hatte und auch über mich selbst. Ich dachte an Angeline und ihre Welpen, wie sie dort unten kauerten, weil sie Schutz vor dem herandonnernden Flugzeug gesucht hatten. Und ich schämte mich.

Irgendwo im Osten heulte ein Wolf. Es klang rufend und fragend. Ich kannte diese Stimme, denn ich hatte sie oft genug gehört. Es war George, der ein Echo von den ausgebliebenen Mitgliedern seiner Familie erhoffte. Für mich aber war es eine Stimme, die von einer verlorenen Welt sprach, die einmal die unsere gewesen war, ehe wir uns dazu entschlossen hatten, die Rolle des Feindes zu spielen; die Stimme einer Welt, die ich gesehen und fast betreten hatte, nur um am Ende doch allein durch mich selbst von ihr ausgeschlossen zu werden.

NACHWORT

Im Winter 1958/59 beauftragten kanadische Regierungsstellen im Rahmen ihrer ständigen Bemühungen um die Ausrottung der Wölfe eine Reihe von Beamten, in der Tundra von Keewatin aus einem mit Schneekufen versehenen Flugzeug Gift auszulegen.

Anfang Mai 1959 landete einer dieser Beamten auch in der Wolfshöhlenbucht. Er blieb dort einige Stunden und legte in der näheren Umgebung der Höhle, die nach seinen Angaben mit Sicherheit bewohnt war, mehrere Giftköder aus.

Er konnte später nicht noch einmal dorthin zurückkehren, da das Frühlingstauwetter in jenem Jahr besonders früh einsetzte.

Die erzielten Ergebnisse sind daher unbekannt.

FARLEY MOWAT

Die Reise- und Abenteuerlust wurde Farley Mowat vermutlich schon in die Wiege gelegt, denn diese stand sinnigerweise in einem Wohnwagen. Mit der ihm eigenen Schnoddrigkeit erzählt der erfolgreiche Romanschriftsteller und Biologe, er habe seine Kindheit und Jugend damit verbracht, «im Wohnwagen kreuz und quer durch Kanada kutschiert zu werden». Den Reisen der Kindheit sollten viele weitere folgen, darunter zwei ausgedehnte Fahrten durch Sibirien – «auf freiwilliger Basis, wohlgemerkt!»

«Nichts», so bekundet der heute Dreiundsechzigjährige, «könnte mich dazu bewegen, fern der Natur in einer Großstadt ein seßhaftes Leben zu führen.» Städte nehmen auf der Liste der Dinge, die er am wenigsten ausstehen kann, neben «Politikern, Trophäenjägern und Kritikern, die nur am Schreibtisch hocken», ohnehin einen Spitzenplatz ein.

Seine Liebe hingegen gilt der Tier- und Pflanzenwelt des hohen Nordens, die er bereits als Vierzehnjähriger kennenlernte, als er seinen Onkel auf einer Polarreise begleiten durfte. Der damals gefaßte Entschluß, später einmal Biologie zu studieren, schien vier Jahre darauf zum Scheitern verurteilt, als der junge Kanadier sich nach Ausbruch des Zweiten Weltkrieges zum Dienst in den englischen Regimentern meldete.

Im Verlauf der nächsten Jahre sollte Mowat dann viermal zum Hauptmann befördert werden, und viermal wurde die Beförderung wieder gestoppt. «Wahrscheinlich lag das daran, daß ich meinen Mund nicht halten konnte», erzählt er mit einem Grinsen.

Überhaupt lautet einer von Mowats Grundsätzen, kein Unrecht schweigend hinzunehmen. «Alles, was der Natur vermeidbaren Schaden zufügt, erbittert mich, und fast alles, was unsere moderne Gesellschaft tut, kränkt die Natur», sagt der Mann, der mit seinem Erlebnisbericht *Ein Sommer mit Wölfen* einen Klassiker schuf.

Wie aktuell dieses millionenfach verbreitete Buch auch heute, fast dreißig Jahre nach der Erstveröffentlichung, noch ist, beweist die Tatsache, daß es erst kürzlich verfilmt und unter dem Titel *Wenn die Wölfe heulen* in Amerika und Deutschland zum Kassenschlager wurde.

Natürlich ließ Mowat es sich nicht nehmen, bei den Dreharbeiten in der subarktischen Tundra mit dabeizusein. Neben ihm und einigen prominenten Darstellern gehörten auch viele vierbeinige Schauspieltalente zum Filmteam – darunter zehn ausgewachsene Wölfe und sechs Wolfswelpen, die wochenlang trainiert worden waren. Einen Wolf namens Kolchak schloß Mowat besonders ins Herz. «Es war ein ausgesprochen intelligentes Tier, das unter anderem lernen mußte, auf Kommando sein Bein zu heben, um sein Revier abzustecken. An einem Tag hob Kolchak siebenundfünfzigmal hintereinander für die Kamera das Bein – eine Leistung, mit der er sich als würdiger Nachfolger des guten alten George erwies.»

Romane und Erzählungen

Barbara Taylor Bradford
Bewahrt den Traum *Roman*
(rororo 12794 und als gebundene Ausgabe im Wunderlich Verlag)
Eine bewegende Familiensaga: die Erfolgsautorin erzählt mit Charme und Einfühlungsvermögen vor allem die Geschichte zweier Frauen, die sich ihren Platz in einer männlichen Welt erkämpfen.
Und greifen nach den Sternen
Roman
(rororo 13064)
Wer Liebe sät *Roman*
(rororo 12865 und als gebundene Ausgabe im Wunderlich Verlag)

Barbara Chase-Riboud
Die Frau aus Virginia *Roman*
(rororo 5574)
Die mitreißende Liebesgeschichte des amerikanischen Präsidenten Thomas Jefferson und der schönen Mulattin Sally Hemings.

Marga Berck
Sommer in Lesmona
(rororo 1818)
Diese Briefe der Jahrhundertwende, geschrieben von einem jungen Mädchen aus reichem Hanseatenhaus, fügen sich zusammen zu einem meisterhaften Roman zum unerschöpflichen Thema erste Liebe.

Diane Pearson
Der Sommer der Barschinskys
Roman
(rororo 12540)
Die Erfolgsautorin von «Csárdás» hat mit diesem Roman wieder eines jener seltenen Bücher geschrieben, die eigentlich keine letzte Seite haben dürften.

rororo Unterhaltung

Dorothy Dunnett
Die Farben des Reichtums
Der Aufstieg des Hauses Niccolò. Roman
656 Seiten. Gebunden im Wunderlich Verlag und als rororo 12855
«Spionagethriller, Liebesgeschichte, spannendes Lehrbuch (wie lebten die Menschen vor 500 Jahren?) - einer der schönsten historischen Romane seit langem.» *Brigitte*
Der Frühling des Widders
Die Machtentfaltung des Hauseses Niccolò. Roman
640 Seiten. Gebunden im Wunderlich Verlag
Das Spiel der Skorpione
Niccolò und der Kampf um Zypern. Roman
784 Seiten. Gebunden im Wunderlich Verlag

Marti Leimbach
Wen die Götter lieben *Roman*
272 Seiten. Gebunden im Wunderlich Verlag und als rororo 13000
Das Buch zum Film «Entscheidung aus Liebe». Die Geschichte von Hilary und Viktor.